Wilhelm Liebknecht

Der Hochverraths-Prozess wider Liebknecht, Bebel, Hepner

vor dem Schwurgericht zu Leipzig vom 11. bis 26. März 1872

Wilhelm Liebknecht

Der Hochverraths-Prozess wider Liebknecht, Bebel, Hepner
vor dem Schwurgericht zu Leipzig vom 11. bis 26. März 1872

ISBN/EAN: 9783743648166

Hergestellt in Europa, USA, Kanada, Australien, Japan

Cover: Foto ©Suzi / pixelio.de

Weitere Bücher finden Sie auf **www.hansebooks.com**

Anerkennung des Talentes, des Fleißes, des wirklich Geschaffenen. — Es ist Unkenntniß der Thatsachen oder Verleumdung, wenn man der Arbeiterbewegung den Zweck zuschreibt, sie wolle, nachdem die Klassen, die da heißen: Adel, geistliche Macht und Bourgeoisie, ihre Zeit der Herrschaft gehabt haben, an ihre Stelle die Herrschaft der Arbeiterklasse herbeiführen. Wir wollen durchaus nicht die Herrschaft irgend einer Klasse, sondern die Gleichberechtigung Aller. Als einfache und nothwendige Folge ergiebt sich, daß wir die sogenannten bürgerlichen Freiheiten, wie Rede- und Preßfreiheit, Vereins- und Versammlungsrecht, Gleichheit vor dem Gesetz, Selbstbestimmungsrecht und Gewissensfreiheit als angeborene Menschenrechte anerkennen und zur Geltung bringen wollen. Was wir aber ebenfalls als natürliches Recht hinstellen, ist das, was mit den Worten: **Keine Rechte ohne Pflichten, keine Pflichten ohne Rechte!** auf der Fahne der Internationalen Arbeiter-Vereinigung steht und was ins Volkswirthschaftliche übersetzt annähernd heißt: **dem Produzenten gehört der Ertrag des Produzirten.** Als nächstes Mittel zum Zwecke streben wir nach Aufklärung, besonders der arbeitenden Klasse über die soziale Frage, ihre Verbrüderung zu gemeinsamem Wirken. Ohne die Stützen, welche Konsum-, Kredit-, Krankenkassen und ähnliche Vereine zu Zeiten für einzelne Leute oder Kreise haben mögen, von uns zu weisen, können wir jedoch diese Einrichtungen entschieden nur als Palliativ-Mittel betrachten, d. h. als Mittel, die wohl dem Individuum vorübergehend helfen, nie aber bei unseren volkswirthschaftlichen Zuständen die Gesammtheit der Arbeiter aus ihrer gedrückten und abhängigen Lage zum berechtigten menschenwürdigen Dasein erheben können. — Es wäre unvernünftig, wollten wir von den uns in ihren Interessen feindlich gegenüberstehenden Klassen Rettung verlangen. — Wir sind deshalb fest entschlossen, unser Heil nur in uns selbst zu suchen und in dem Anschluß an solche Elemente, die offen Zweck und Ziel mit uns theilen. Durch lange und harte Erfahrungen gewitzigt, wird der Arbeiter in Zukunft nicht mehr die Schlachten der Bourgeoisie, sondern seine eigenen schlagen. — Was zunächst erreichbar und daher vorerst anzustreben wäre, darüber haben unsere früheren Kongresse Aufschluß gegeben und wird der jetzt in Brüssel tagende Kongreß sich noch weiter erklären. — Ich nenne hier nur außer den bürgerlichen Freiheiten: Beseitigung des Militarismus und Einführung der Volkswehr mit demokratischer Organisation, außerdem Trennung der Kirche vom Staate, Reorganisation des gesammten Schulwesens in der Weise, daß es auch dem Mittellosesten, dem Armen, möglich wird, seine natürlichen Anlagen im weitesten Sinne des Wortes zur vollen Ausbildung zu bringen. Ferner Pflicht der Arbeit für Alle, sei es Arbeit des Geistes oder der Werkstätte und des Feldes, Aufhebung aller indirekten Steuern, einschließlich Grundsteuern, und Einführung einer einzigen Steuer: der proportionellen progressiven Einkommensteuer. Die Uebereinstimmung der Ideen und der Gesinnung unter den Arbeitern der verschiedenen Länder Europas die Zustimmung der Arbeiter der amerikanischen Union ist es, worauf unsere Friedenshoffnungen beruhen: Wir wollen den Frieden hergestellt zur Entwicklung der Industrie und des Handels und zur Ausbildung des Volkes durch die Volks= souveränetät.

Arbeiter Teutschlands! Heute tritt der Kongreß der Inter= nationalen Arbeiter=Vereinigung zusammen. Alle Länder Europas werden dort vertreten sein. Die französischen Arbeiter haben des= halb beschlossen, trotz des entgegenstehenden Verbotes der kaiser= lichen Regierung, sich dort gleichfalls vertreten zu lassen, um sich an der Berathung ihrer Interessen zu betheiligen. Und dürfte es zu viel behauptet sein, daß diese Versammlung von Telegirten der Arbeiter von ganz Europa durch die Weisheit ihrer Beschlüsse ein schiedsrichterlicher Senat von Europa zu werden verspricht? Ja, dieser Kongreß wird auf der Grundlage der ewigen Prinzipien der französischen Revolution von 1789 und der geheiligten Interessen der Arbeit, welche Ordnung, Sicherheit der Person und Freiheit verlangen, den Völkerfrieden dekretiren, und Europa wird die Beschlüsse dieses Kongresses nicht unbeachtet lassen dürfen. Es liegt im Interesse aller Arbeiter, es ist sogar eine Ehrensache für sie und ihre heiligste Pflicht, sich an dem großen Werke zu betheiligen, das zum Zweck hat:

Die Errichtung der neuen, der wahren menschlichen Gesell= schaft auf der Grundlage der Freiheit, der Gleichheit und Gerechtigkeit.

Der Arbeitertag ernannte hierauf eine Kommission, bestehend aus den Herren Schweichel, Ladendorf, Liebknecht und Stolle, welche den gestern eingegangenen Protest prüfen und die dagegen für angezeigt erachteten Schritte der Versammlung in Vorschlag bringen sollte. Um 10 Uhr fanden die ausgetretenen Gegner sich in der Versammlung ein und ihr Vertreter verlas sofort den ge= faßten Beschluß: „Die Unterzeichner des eingereichten Protestes halten fest an dem Programm, auf Grund dessen der deutsche Arbeiterverein sich gebildet, und können einem Vereine nicht an= gehören, der auf Grund des gestern angenommenen Programms besteht." In Anwesenheit der Herren erstattete Liebknecht hier= nach Bericht über den Vorschlag, welchen die obengenannte Kommission dem Arbeitertag mache; er lautet: „In Erwägung, daß der Protest drei bewußte Unwahrheiten und eine Fälschung enthält, geht der Arbeitertag zur Tagesordnung über." Liebknecht wies diese Unwahrheiten sofort nach, indem er darauf aufmerksam machte, daß im Protest behauptet worden, die Abstimmung sei mit Hilfe der Internationalen Arbeiter-Assoziation und der Volkspartei gemacht worden, während die Protestirenden wußten, und ja selbst den Beschluß mit gefaßt hatten, daß die Vertreter dieser Korporationen kein Stimmrecht hatten; daß im Protest unter den Unterschriften ein Wiener Verein (Bäckergesellen) aufgeführt worden, welcher nicht das Recht habe, zu protestiren, da er dem Verband nicht angehöre, 2c. Der Vorsitzende Bebel bemerkte sodann auch zu der eben eingegangenen Austrittserklärung, daß sie unberechtigter Weise mit der Unterschrift des Lindauer Vereins versehen sei, der seit einem Jahre schon aus dem Verband ausgeschieden, und außerdem eine Reihe Unterschriften von Vereinen trüge, die erst in allerneuester Zeit dem Verbande beigetreten und noch keinerlei Beitrag für denselben geleistet haben. Diese verschiedenen leidenschaftslos konstatirten Thatsachen riefen bei den Versammelten des Arbeitertags eine lebhafte Entrüstung hervor, indeß die gegnerischen Herren ebenso unverkennbar verlegen unverzüglich den Saal wieder verließen. Der Arbeitertag fuhr in seinen Berathungen fort.

Sonnemann referirte hierauf im Anschluß an die früheren Verhandlungen über die Errichtung von Altersversorgungskassen; er hob die Schwierigkeiten hervor, welche sich einem selbstständig zu begründenden Institute entgegengestellt hatten, und gab schließlich der Versammlung anheim, ob man nicht den Versuch machen wolle, nach Art der englischen Sparkassen durch Vermittlung der Post eine unter Staatsaufsicht stehende Anstalt zu errichten. Gegen diesen Vorschlag sprachen sich Liebknecht, Vahlteich, Greulich, Tropitz, Künzel u. A. aus, die alle mehr oder weniger sich dem Vorschlage zuneigten, allgemeine Gewerkvereine der einzelnen Gewerbe nach Art der Trades-Unions und des deutschen Buchdruckervereins zu errichten und denselben die Altersversorgungs-, Kranken-, Wanderunterstützungs-Angelegenheiten zu übertragen. Herr Sonnemann zog hierauf seine Anträge zu Gunsten eines aus verschiedenen Anträgen kombinirten Vorschlags zurück, worauf die Versammlung ihm für das reichhaltig beigebrachte Material ihren Dank durch Aufstehen zu erkennen gab. Der hierauf angenommene kombinirte Antrag lautet:

In Erwägung, daß das Anheimgeben der Verwaltung einer allgemeinen Altersversorgungskasse für Arbeiter an den bestehenden Staat den Arbeiter unbewußt zu einem konservativen Interesse an den bestehenden Staatsformen bringt, denen er keineswegs Vertrauen schenken kann;

in Erwägung, daß Kranken- und Wanderunterstützungs- sowie Altersversorgungs-Kassen erfahrungsgemäß am besten durch Gewerksgenossenschaften ins Leben gerufen und erhalten werden können, beschließt der fünfte Vereinstag, den Mitgliedern des Verbandes und speziell dem Vorort aufzugeben, für Vereinigung der Arbeiter in zentralisirten Gewerksgenossenschaften thatkräftig zu wirken.

Germann aus Leipzig referirt über die Wanderunterstützungs-Angelegenheit und die Versammlung genehmigt seine folgenden Anträge:

Der Vereinstag wolle den Verbandsangehörigen empfehlen, durch Deputirte des Ortes ein Kollegium zu bilden, welches:

1. eine gute Organisation der Kassen, volle Selbstverwaltung, Vereinigung derselben nach Gewerken in Verbände und Besprechung der Kassen-Interessen in einem geeigneten Organ,

2. Freizügigkeit innerhalb der Gewerkskassen und bankmäßige Bewirthschaftung des Krankenkassen-Kapitals,

anstrebt, außerdem aber auch:

3. die Gründung solcher Kassen anstrebt, an welchen Mangel ist, d. h. für Handwerker, Dienstboten und Arbeiterinnen.

Bürger aus Göppingen beantragt:

Der Vereinstag empfiehlt den Vereinen die Einrichtung von Herbergen und Arbeitsnachweisungen.

Es wird hierauf eine Pause von 2 Stunden gemacht.

Nach Wiedereröffnung der Sitzung um 8 Uhr beginnt die Debatte über Beseitigung der indirekten Steuern. Referent Schweichel (an Stelle des ausgeschiedenen R. Krebs aus Berlin) begründet die Resolutionen, welche von Mendel amendirt, in folgender Fassung angenommen werden:

In Erwägung, daß sich die indirekten Steuern jeder Kontrole entziehen, indem sie in einer Weise erhoben werden, welche es dem einzelnen Steuerzahlenden fast unmöglich macht, die Höhe seines eigenen Beitrags zu ermessen;

in Erwägung, daß die indirekten Steuern namentlich die allerunentbehrlichsten Lebensmittel belasten;

in Erwägung, daß solche Steuern in den bestehenden Staatsorganisationen ein wesentliches Mittel sind, die Staatslasten hauptsächlich von den bevorzugten (herrschenden) Klassen auf die Arbeiterklasse abzuwälzen, beschließt der 5. Vereinstag deutscher Arbeitervereine:

Der Verband solle mit unermüdlicher Thatkraft hinwirken auf die Beseitigung jeder indirekten Steuer und auf Einführung einer gerechten direkten Steuer, und ferner solle es daher der Verband seinen Mitgliedern zur Pflicht machen, bei allen Wahlen zur Gemeindevertretung, den

Landtagen ꝛc. nur solchen Kandidaten ihre Stimme zu geben, welche für die völlige Beseitigung der indirekten Steuern einstehen.

In der Wehrfrage begründet Referent Liebknecht (an Stelle Bebel's) folgende Resolution, welche einstimmig angenommen wird.

Der Arbeitertag erklärt:

Das System der stehenden Heere, wie es sich in fast allen Ländern Europas entwickelt hat, ist eine der Hauptursachen der gegenwärtigen Geschäftsstockungen. Indem es den Völkern insgesammt ungeheure Lasten auferlegt, die Steuern mit den Staatsschulden von Tag zu Tag erhöht, einen großen Theil der Bevölkerung in den besten und kräftigsten Lebensjahren ihrem Berufe und der Produktion entzieht, ist es zugleich eine wesentliche Ursache der herrschenden sozialen Noth und Massenverarmung.

Indem es ferner den Fürsten die Macht giebt, gegen den Willen und gegen das Interesse der Völker Krieg zu führen, überhaupt den Willen der Völker zu mißachten, ist das stehende Heer die Quelle beständiger Kriegsgefahr und das Mittel dynastischer Eroberungskriege nach Außen und der Unterdrückung von Recht und Freiheit nach Innen. In Erwägung dessen betrachtet es der Arbeitervereinstag als eine Pflicht der Arbeiter aller Länder, nachdrücklich und unausgesetzt mit allen Mitteln auf Beseitigung der stehenden Heere und auf Einführung der allgemeinen Volksbewaffnung hinzuwirken.

Zugleich mit dieser Resolution wurden folgende beide Amendements angenommen.

1. Amendement Kröber's: Der Arbeitertag empfiehlt allen seinen Mitgliedern, bei Wahlen von Landtags- und Reichstagsabgeordneten u. s. w. nur solchen Männern ihre Stimme zu geben, welche sich verpflichten, zum Zwecke der Erhaltung stehender Heere den Regierungen nimmermehr einen Groschen zu bewilligen.

2. Amendement Ladendorf's: Der Arbeitertag empfiehlt:

   a) Den Vorstand zu beauftragen, alle Mittel zu berathen und in Anwendung zu bringen, die dazu dienen können, die in stehenden Heeren gemißbrauchten Arbeiter, namentlich die ländlichen, über ihre eigentlichen und höchsten Interessen aufzuklären.

   b) Die Volkswehrfrage mit der Erziehungsfrage zu verbinden und beide Fragen vereinigt auf die Tagesordnung des nächsten Vereinstags zu setzen.

Nachdem die Prüfungs-Kommission der Geschäftsführung während des abgelaufenen Jahres Bericht erstattet und dem Vorort die wärmste Anerkennung ausgesprochen hatte, ward Bebel mit 57 Stimmen gegen 2 auch für das nächste Vereinsjahr zum Vorsitzenden gewählt und durch Akklamation folgende Vertrauens= männer ernannt: Bürger (Göppingen), Eichhoff (Berlin), Eichelsdorfer (Mannheim), Motteler (Crimmitzschau), Sonne= mann (Frankfurt), Günther (Speier), Trobitz (Dresden), Stuttmann (Rüsselsheim), Dr. Kirchner (Hildesheim), Löwen= stein (Fürth), Oberwinder (Wien), Heinmann (Koburg), Wahlteich (Dresden), Notz (Stuttgart), Krause (Mülsen St. Niklas), Bremer (Magdeburg). — Ein Hoch auf Bebel in Anerkennung seines energischen und unparteiischen Präsidiums schloß um 6 Uhr die Sitzung.

Der S. 785 angekündigte Protest lautet:

„Protest.

Nachdem die Mehrheit des Vereinstags deutscher Arbeiter= vereine zu Nürnberg mit Hilfe von Vertretern der Internationalen Assoziation und Vertretern der Volkspartei ein politisches Pro= gramm durchgesetzt hat, sehen die Unterzeichneten sich veranlaßt, folgenden Protest dagegen einzulegen:

I. Die Bestrebungen der deutschen Arbeitervereine, welche nach dem Programm des ersten Vereinstags die geistige und materielle Hebung des Arbeiterstandes bezwecken, können nicht durch weittragende Programme gefördert werden. Die Erörterung solcher Programme, die auf ein mehr oder weniger klares staatliches und gesellschaftliches Zukunfts= ideal verweisen, müssen nothwendiger Weise den Eifer für die auf Selbsthilfe gegründeten Vereinigungen lähmen und sind nur geeignet, an die Stelle rüstiger Arbeit ein Spiel mit leeren Worten und unklaren Phantasien zu setzen.

II. Wir erblicken in der Annahme eines bestimmten politischen Programms einen Gewissenszwang für die Vereine, welche in politischen Dingen anderer Ansicht sind, sowie für Arbeiter, denen dieses Programm widerstrebt und daher den Vereinen fern bleiben, während die Arbeitervereine, wenn sie ihre Aufgabe erfüllen wollen, Jedem offen stehen sollen.

III. Dem Staate gegenüber sind die Arbeiter berechtigt zu fordern: die volle Rechtsgleichheit mit allen anderen Staats= bürgern, Befreiung von allen Schranken und Hemmnissen, welche der freien Bewegung des Menschen und der Arbeit entgegenstehen, und endlich eine gerechte Vertheilung der Staatslasten. Die Lösung der sozialen Frage kann aber niemals durch den Staat allein geschehen, sie kann haupt= sächlich nur herbeigeführt werden durch die freie Thätigkeit der Staatsbürger selbst.

IV. Eine der wichtigsten Aufgaben der Arbeiter-Bildungsvereine bleibt es, Kenntnisse der staatlichen Verhältnisse und politischen Fragen zu verbreiten und insbesondere den Sinn für das öffentliche Leben zu pflegen und in den Kreisen der Arbeiter Vaterlandsliebe und bürgerlichen Gemeinsinn zu wecken. Die Politik kann also den Arbeitervereinen nicht fremd bleiben; nimmermehr aber dürfen sich diese Vereine als willenloses Werkzeug dieser oder jener Partei mißbrauchen lassen.

V. Wir erkennen daher den in Bezug auf das vorgelegte Programm gefaßten Beschluß als für uns verbindlich nicht an und behalten uns weitere Schritte vor.

Chemnitz durch Stark. Osnabrück durch Schelle. Hamburg durch Schulze und Martens. Kiel mit Gauverband durch Christiansen. Heppens durch Thorade. Stuttgart durch Simater. Weißenburg a. S. durch Kamm. Cannstatt durch Hochberger. Schwabach durch Selling. Wien (Selbstkraft) durch Rabel und Mehling. Bielefeld durch Stöhr. Fürth durch Pfisterer. Hannover (Stadt) durch Engelking. Goslar durch Lüttich. Freiburg i. Br. durch Moritz Müller. Ulm durch Pfeiffer. Pforzheim durch Wittum und Stöffler. Geißlingen durch Krauß. Regensburg durch Süß. Celle durch Reuter. Gera durch G. Frontmeier. Nürnberg (Arbeiter-verein) durch K. Rögner. Offenbach a. M. (Arbeiterverein) durch Heiligenstädt. Biberach durch Hetzner. Frankenberg durch Pils. München.

Austrittserklärung der Sonderbündler.

Die Vertreter der Vereine: Bielefeld, Hamburg, Nürnberg (Arbeiterverein), Ulm, Heppens, Weißenburg, Magdeburg, Frankenberg, Celle, Lüneburg, Harburg, Brüchen, Otterndorf, Nienburg, Chemnitz, Goslar, Hameln, Münden, Elze, Eldagsen, Peine, Osterode, Rastede, Stuttgart, Cannstatt, Freiburg i. B., Pforzheim, Fürth (Arbeiterverein), Gera, Altona, Kiel, Tondern, München, Augsburg, Oldenburg, Regensburg, Hannover, Schwabach und Geißlingen halten fest an dem Programm, auf Grund dessen der Verband deutscher Arbeitervereine gegründet wurde, können daher fernerhin nicht einem Verbande angehören, welcher auf Grund des gestern durchgesetzten Programms eine neue Richtung angenommen hat.

Nürnberg, 7. September 1868.

Aug. Reuter (hannöv. Gauverband), A. Hochberger, Wittum, F. R. Engelking (Hannover), Ed. Pfeiffer, J. F. Martens, O. Stöhr, Franz Rabel, W. Mehling, Fr. Lüttich, K. Rögner, Minner, Bauer, Staudinger, Karl Simater,

O. Feierabend, H. Pfisterer, A. Christiansen, F. H. Schultz, A. Stark (Chemnitz), F. W. Sulfrian (Burg bei Magdeburg), Joh. Bischoff, Chr. Süß, L. Heiligenstädt, G. Frontmeier (Gera), E. Selling, Franz Heinrich Pils, C. Schelle (Osnabrück), A. Zeitler, Robert Krebs, G. F. Krauß (Geißlingen), Thorade."

(Dem Verband gehörten theils gar nicht, theils seit längerer Zeit nicht mehr an: die Vereine zu Nienburg, Osterode, Elze, Kiel, Tondern und Lindau; in deren Namen zu unterzeichnen war eine Anmaßung. Dasselbe gilt von den Herren Rabel und Mehling (Wien), die nie dem Verbande angehörten. Herr Krebs war nur persönliches Mitglied des Verbandes, einen Verein vertrat er nicht.)

3.
Der sechste Verbandstag des Verbandes Deutscher Arbeitervereine zu Eisenach.

Aus dem „Demokratischen Wochenblatt" 1869.

(Siehe Seite 118.)

Der sechste Verbandstag wurde Dienstag, den 10. August, Morgens 7 Uhr, im Gasthof zum Mohren durch den seitherigen Vorsitzenden Bebel eröffnet. Da der sozialdemokratische Arbeiter-Kongreß wider Erwarten bis Montag, den 9. August, spät Abends gedauert, so waren viele Deputirte genöthigt abzureisen, und konnten den Verhandlungen des Vereinstags nicht beiwohnen. Durch Mandate vertreten waren folgende Orte:

Darmstadt, Bernsdorf, Crimmitzschau (4 Vereine), Cainsdorf, Ehrenfriedersdorf, Gohlitz, Neustadt a. d. Orla, Weimar, Frankfurt a. M., Wilkau, Göppingen, Coburg, Stuttgart, Fürth, Lichtenstein, Niedermülsen, St. Micheln, Mülsen St. Niklas, Stangendorf, Hermersdorf, Dorschemnitz, Niederzwönitz, Leipzig, Meerane (2 Vereine), Saalfeld, Glauchau, Lichtenstein, Berlin, Schönau, Kirchberg, Großenhain, Wildenfels, Nürnberg, Gauverband württembergischer Arbeiterbildungsvereine, Aalen, Backnang, Geißlingen, Reutlingen, Mezingen, Heilbronn, Gingen a. B., Oberndorf a. N., Eßlingen, Schwäbisch-Hall, Rottweil, Tuttlingen, Schramberg, Burgstädt, Remse, Waldenburg, Niederlungwitz, Reichenbach i. B., Hohendorf-Röblitz, Thurm, Mülsen St. Jacob, Bischofswerda, Geyer, Calw, Crailsheim, Schwiebus, Heidenheim, Laichingen, Ravensburg und Weingarten. — Bereits abgereist waren die Vertreter von Bamberg, Luckenwalde, Dresden und anderen Orten.

Von Vertretern waren anwesend: Bebel, Baer, Hadlich, Schilling, Schmalz (Leipzig), Motteler, Stolle (Crimmitzschau), Kölz (Lichtenstein), Binkert (Darmstadt), Colditz (Crimmitzschau), Demmler (Geyer), Kraft (Weimar), Opificius (Frankfurt a. M.), Mosig (Kirchberg), Zirbs (Göppingen), Rüger (Coburg), Lorenz (Stuttgart), Löwenstein (Fürth), Blechschmidt (Ortmannsdorf), Malech (Meerane), Salmann (Saalfeld), Baumann (Glauchau), Seidel (Crimmitzschau), Metzner (Berlin), Kohlrauch (Eisenach), D. Ehrlich (Eisenach), Rüll und Mendel (Nürnberg), Bürger (Göppingen), Bronnenmayer (Eßlingen), L. Geier (Burgstädt), Vogel (Niederlungwitz), C. Neu (Reichenbach i. V.). Ferner Greulich (Zürich), Quick (Genf) und eine Anzahl Deputirter des Kongresses als Zuhörer.

Durch Akklamation wurde Bebel zum ersten, Bürger zum zweiten Vorsitzenden, Motteler zum Schriftführer erwählt. Auf Vorschlag Bebel's erklärte sich die Versammlung damit einverstanden, von einer Prüfung der Mandate abzusehen und die vom Kongreß ausgestellten Legitimationen als giltig anzuerkennen. Zur Prüfung der Geschäftsleitung des Vororts wurde, nachdem Nürnberg abgelehnt, Crimmitzschau gewählt. Die dort zu wählende Kommission soll über das Resultat der Prüfung im Parteiorgan Bericht erstatten. Hierauf folgte der Geschäftsbericht des Vororts-Vorsitzenden Bebel über die Verwaltungsperiode vom Nürnberger bis zum Eisenacher Vereinstag. Wir entnehmen dem Bericht Folgendes:

Der Verband war in Folge der in Nürnberg eingetretenen Spaltung damals auf 72 Vereine geschmolzen, von diesen 72 erklärten im Laufe des Jahres 5 aus verschiedenen Ursachen ihren Austritt, dagegen sind 42 neue Vereine im Laufe des Jahres beigetreten, so daß der Verband bei Zusammentritt dieses Vereinstags 109 Vereine mit ca. 10 000 Mitgliedern zählte. Im Großen und Ganzen sind die Resultate des Verbandes sehr zufriedenstellend; die Verbindung des Vororts mit den einzelnen Vereinen ist gegen früher bedeutend gestiegen. Im Jahre 1868 betrugen die Einläufe bei dem Vorort 253 Nummern, im Jahre 1869 907 Nummern, also nahezu vier mal mehr, die Ausläufe vom Vorort 1868 543 Nummern, im Jahre 1869 aber 4485 Nummern, also acht mal mehr. Der Vorort hatte ferner 10 Zirkulare und 5 verschiedene Statuten- und Organisationsentwürfe verfaßt und versandt. Die Thätigkeit des Vororts in der Gewerkschafts-angelegenheit war Veranlassung zur Gründung von einer ganzen Reihe von Gewerksgenossenschaften. Konstituirt sind die Internationale Gewerkschaft der Buchbinder, die Internationale Gewerkschaft der Manufaktur-, Fabrik- und Handarbeiter, die Gewerkschaft der Berg- und Hüttenarbeiter. Der Konstituirung nahe sind die Metallarbeiter=, Holzarbeiter=, Schuhmacher=, Maurer= und Zimmerergewerkschaften. Die Kassenverhältnisse hatten sich in Anbetracht der sehr niedrigen Verbandssteuer leidlich günstig gestellt: einschließlich eines vorjährigen Kassenbestandes von 64 Thlr. 14 Ngr. 5 Pf. war die Gesammteinnahme 470 Thl. 28 Ngr. 7 Pf., die Ausgabe 457 Thlr. 24 Ngr. 4 Pf., demnach ist ein Kassenbestand von 13 Thlrn. 3 Pf. vorhanden. Die Agitation des Verbandes wurde vorzugsweise mit aus dem unter Verwaltung von Dr. Ladendorf und Genossen in Zürich stehenden Revolutionsfonds geflossenen Unterstützungen in Höhe von 934 Thlrn. betrieben, und sind bis jetzt davon über 800 Thlr. verbraucht, wovon eine größere Summe zur Unterstützung des Parteiorgans, des „Demokratischen Wochenblattes".

Der Bericht des Vorsitzenden wurde beifällig aufgenommen und auf Antrag Rüll's beschlossen, daß vorhandene Inventar Bebel zur Verwaltung zu überlassen, den vorhandenen Kassenbestand hingegen dem Vorort der sozialdemokratischen Arbeiterpartei zu überweisen.

Der 2. Punkt der Tagesordnung bildete die Stellung des Verbandes zur neu gegründeten sozialdemokratischen Arbeiterpartei. Bebel beantragte Auflösung des Verbandes. Die Zwecke, die bisher der Verband verfolgt, würden in weit höherem Maße jetzt von der neu gegründeten Partei verfolgt werden. Die Aufrechthaltung des Verbandes führe zu einer höchst schädlichen und nachtheiligen Kraftzersplitterung. Zudem könne man mit den Resultaten des Kongresses auf das Höchste zufrieden sein. Die angenommene Organisation entspreche genau dem Plan, den der Vorort bereits im Mai d. J. für die Neuorganisation des Verbandes den Vereinen vorgeschlagen. Der von ihm ausgearbeitete Organisationsentwurf sei sogar durch die nachfolgenden Beschlüsse des Kongresses in der von ihm vorgelegten ursprünglichen Fassung wieder hergestellt worden. Die Hauptfrage für die Vereine des Verbandes, die Steuerfrage, werde durch die dem Ausschuß der Partei eingeräumte Vollmacht zweifellos befriedigend geregelt werden. Totzauer (Zwickau), Stolle (Crimmitzschau), Löwenstein (Fürth) u. A. sprachen sich im gleichen Sinne aus. Hierauf wurde die Auflösung des Verbandes nach sechsjährigem Bestehen desselben einstimmig ausgesprochen. (Der Verband wurde zu Frankfurt am Main auf dem ersten Verbandstag am 6. und 7. Juni 1863 gegründet.) Nachdem dann der Vorsitzende auf mehrseitige Anfragen erklärt, daß er auch ferner bereit sei, alle an ihn ergehenden Anforderungen im Interesse der Partei nach Kräften zu unterstützen, Totzauer dem Vorort und namentlich dessen Vorsitzenden

den mit allgemeinem Beifall aufgenommenen Dank der Versammlung für seine Mühewaltung ausgesprochen, wurde die Versammlung geschlossen. Sämmtliche Delegirte gaben sich noch
das Wort, fest und treu zur Fahne der Sozialdemokratie zu stehen; darauf trennte man sich auf Wiedersehen
in Stuttgart (den Ort des nächsten Parteikongresses).

4.
An die Mitglieder des Allgemeinen deutschen Arbeitervereins.
Aus dem „Demokratischen Wochenblatt" 1869.

(Siehe Seite 121.)

Parteigenossen!

Unter einer Menge von heuchlerischen Redensarten hat der
Präsident unseres Vereins eine Maßregel getroffen, welche jedes
denkende Mitglied mit Entrüstung erfüllen muß. In derjenigen
Eile, welche diese Vorgänge geboten — weshalb denn auch Niemand
sich über Zurücksetzung beklagen wolle —, sind die Unterzeichneten
zusammengetreten und haben sich über einen Schritt geeinigt, der
von den weittragendsten Folgen für die Partei sein wird. Wir
bitten Euch, Parteigenossen, aufmerksam und vorurtheilsfrei unsere
Meinung zu prüfen.

Während noch vor Kurzem die Herren Schweitzer und
Mende, die sich in der heftigsten Weise gegenseitig beschuldigten,
Söldlinge der Reaktion zu sein, von einer Verschmelzung der verschiedenen Fraktionen der Arbeiterpartei nichts wissen wollten,
treten sie plötzlich heute (im Einverständniß mit der Gräfin Hatzfeldt) mit rührenden Worten vor die Mitglieder ihrer Vereine,
um dieselben aufzufordern, eine Einheit lediglich dieser beiden
Fraktionen der Partei herbeizuführen — wobei denn von der
Vereinigung der gesammten sozialdemokratischen Partei keine
Rede ist — und dies Alles unter Bedingungen, welche ein Hohn
sind auf die Rechte des sogenannten „souveränen Volkes". Nicht
allein ist die Frist der Abstimmung so kurz, daß es unmöglich
erscheinen muß, daß die Mitglieder sich über die Frage wirklich
ein Urtheil bilden können, so daß Alles wie die reinste Ueber-
rumpelung erscheint; nicht allein ist die Form der Abstimmung,
bei der man den Mitgliedern einfach die Pistole auf die Brust
setzt mit der Aufforderung, ja oder nein zu sagen, also entweder
sich in die schmachvollsten Bedingungen zu fügen oder auf die
sehnlichst gewünschte, wenn auch nur stückweise Einigung zu ver-

zichten; nicht allein ist diese Form der Abstimmung eine demokratisch gesinnter Männer unwürdige, sondern es ist auch der Präsident
so eigenmächtig bei dem Allem vorgegangen, wie es fast ohne
Beispiel ist. Nie ist über amerikanische Sklaven in willkürlicherer
Weise verfügt worden, als hier über die Mitglieder des Allgemeinen
Deutschen Arbeitervereins. Wozu auch vorher, ehe man solche im
höchsten Grade wichtige Schritte thut, die Mitglieder oder den
Vorstand um ihre Meinung fragen?! Wenn die Thatsachen fertig sind,
wird die „freie“ Zustimmung der Mitglieder durch einige Redensarten erpreßt. Wenn Herr v. Schweitzer diktirt, haben die
Mitglieder einfach zu gehorchen, und dann nennt man dieselben
noch das „souveräne Volk“. Ein größerer Hohn war nie einem
Menschen geboten. Wenn Herr v. Schweitzer es für gut hält,
wird den Mitgliedern zugemuthet, mit eigener Hand und mit
einem Schlage das mühsam in einer Reihe von Jahren auf-
gebaute Reformwerk zu vernichten und ohne Weiteres ein Statut
anzunehmen, das früher zu dem erbittertsten Zwiespalt Veranlassung gegeben hat; ein Statut, nach welchem der Präsident
die unumschränkteste Gewalt in seinen Händen und der Vorstand
nicht den allergeringsten Einfluß hat, und das zu alledem dahin
ausgelegt werden kann, daß auf 3 Jahre hinaus jede Aenderung
an demselben unmöglich ist! Das Vorgehen des Präsidenten in
diesem Falle — ein Staatsstreich im Kleinen — erhebt den schon
seit langer Zeit von vielen Mitgliedern des Vereins gehegten
Argwohn zur Gewißheit, daß Herr v. Schweitzer den Verein
lediglich zur Befriedigung seines Ehrgeizes benutzt und ihn zum
Werkzeug einer arbeiterfeindlichen reaktionären Politik herab-
würdigen will; sonst würde derselbe jetzt die Einigung der
gesammten sozialdemokratischen Arbeiter Deutschlands
suchen. Wer die Einigung eines Theils der sozialdemokratischen Arbeiter empfiehlt, ohne dabei mit aller Energie auf die
Einigung der gesammten Partei zu wirken, welche ihr allein
Macht und Einfluß verschaffen kann, wer durch Einigung eines
Theiles in diesen Formen die Einigung aller Theile unmöglich macht, und wer dies thut mit rührenden, von Bruderliebe
überfließenden Worten, der ist ein elender Heuchler; und wer
dann Diejenigen, welche sich den gestellten schmachvollen Bedingungen nicht fügen, sondern etwas Größeres, etwas Erhabeneres
erstreben, als Gegner der Einigung überhaupt brandmarken will,
ist ein Jesuit ohne Gleichen.

Die Einigung der gesammten sozialdemokratischen
Arbeiter Deutschlands herbeizuführen, muß das Streben
jedes ehrlichen Sozialdemokraten sein. Angesichts der
immer mächtiger sich ausbreitenden Wogen der Bewegung, angesichts der Vorzeichen, welche in allen

Kulturstaaten der Welt auf eine baldige mächtige Umgestaltung der politischen und sozialen Verhältnisse hin-
deuten, ist ein Verschleppen dieser Einigung Verrath.

Diese Einigung kann aber nur das Werk sein des wirklich
souveränen Volkes selbst, und Ihr, Mitglieder des Allgemeinen
Deutschen Arbeitervereins, werdet Euch nicht verschachern lassen nach
der Laune einiger Führer, wie eine Heerde Schafe, sondern Ihr
werdet wie Männer Eures eigenen Geschickes Schmiede sein!

Wir haben eingesehen, daß eine Organisation, in welcher der
Wille eines Einzelnen sich hinwegsetzen kann über alle Errungen-
schaften des Vereins, ja den Verein selber in jedem Augenblick
in Frage stellen, denselben jeden Augenblick auflösen und in anderer
ihm passenderer Form wieder ins Leben rufen kann, in welcher
dieser Einzelne die Pfennige der Arbeiter gebraucht,
um elende Lumpen zu bestechen, daß eine solche Organisation
keine Faser von demokratischem Geiste in sich hat. In einer
solchen Organisation ferner zu wirken, wäre schmähliche Ver-
schwendung unserer besten Kräfte; wir verzichten darauf.

Geleitet von dem Gedanken, daß nur von der Partei selbst
über ihre Organisation beschlossen werden kann, und ferner geleitet von dem Gedanken, die Einigung der sozialdemokratischen
Arbeiter Deutschlands, auch was die Gewerkschaften betrifft, herbeizuführen, haben wir den Entschluß gefaßt, in kürzester Zeit
einen allgemeinen Kongreß der gesammten sozialdemokratischen Arbeiter Deutschlands zu berufen, auf welchem
der Grund einer wirklich demokratischen Organisation der Partei,
im Anschluß an die internationale Bewegung, gelegt werden kann.

Parteigenossen, wir rechnen auf Eure Unterstützung! Die
sozialdemokratischen Arbeiter, welche nie von anderem als von einem
künstlich erregten Haß gegeneinander erfüllt gewesen sind, werden
sich zu einigen und sich eine Organisation zu geben wissen, welche
den Geist ihrer Prinzipien mit der Zusammenfassung
aller ihrer Kräfte vereint.

Parteigenossen, Ihr werdet Euch nicht verblenden lassen von
den heuchlerischen Redensarten von Leuten, denen die Einigung
der Partei nie am Herzen gelegen hat; Ihr werdet Euch eine
Behandlung nicht gefallen lassen, welche man nur ehrlosen oder
gedankenlosen Menschen zu bieten wagen kann; Ihr werdet Euch
als das zeigen, was Ihr seid — nicht als die willenlosen Sklaven
eines launigen Herrschers — sondern als das wirklich und
wahrhaft souveräne Volk, das allein über die Gestaltung
seiner Geschicke zu entscheiden hat. Wagt einmal im Interesse
unserer Prinzipien, im Interesse der Demokratie und des
Sozialismus, eine kühne That. Laßt uns die Fahne, auf
welcher die Einigung der gesammten Partei geschrieben steht,

nicht vergebens erhoben haben! Einig nur sind die Arbeiter eine Macht! Zersplittert sind wir ewig das Gespött unserer Gegner, aber einheitlich und wahrhaft demokratisch organisirt, sind wir unüberwindlich.

Wenn Ihr uns zustimmt — und wir hoffen zuversichtlich, daß Ihr dies thun werdet —, so sendet Eure Zustimmung an einen der Unterzeichneten ein, damit wir gemeinsam die Einberufung des Kongresses betreiben können.

Aus dem Allgemeinen Deutschen Arbeiterverein werden wir — es ist uns schwer geworden, den Beschluß zu fassen — austreten. Der Allgemeine Deutsche Arbeiterverein war uns ans Herz gewachsen, aber im Interesse der Sache muß man das schwerste Opfer zu bringen verstehen; und anders ist keine Rettung!

Vorwärts denn, Parteigenossen, auf der neuen Bahn in heiligem Kampfe für unsere große und erhabene Sache! Begeisterung und Ausdauer verbürgen den Sieg.

Den 22. Juni 1869.

J. Bremer in Magdeburg. Hoffmann in Neustadt-Magdeburg. W. Klees in Buckau bei Magdeburg. Th. Yorck in Harburg. C. Müller, S. Spier und A. Vieweg in Wolfenbüttel. W. Bracke jun., H. Ehlers, C. Lüdecke und A. Schrader in Braunschweig. Friedrich Ellner in Frankfurt a. M.

5.

Die demokratischen Ziele und die deutschen Arbeiter.

Aus dem „Demokratischen Wochenblatt" 1868.

(Siehe Seite 163.)

> Motto: „Politische und soziale Reform fordern und bedingen sich gegenseitig. Ohne Theilnahme des Arbeiterstandes keine dauernde Besserung der politischen Zustände und — ohne Aenderung der politischen Zustände keine wirthschaftliche Besserung des Arbeiterstandes!"
> Dr. Johann Jacoby.

Ein ungeheurer Wahn zieht durch die Brust des Patrioten, wenn er in die Verwirrung blickt, welche sich der Köpfe und Herzen der deutschen Nation bemächtigt hat. Mit tausend flammenden Wettern möchte er dreinfahren in das Gezücht der Schönredner und Rechnungsträger, in die kleinliche Streitsucht politischer Pedanten und Kathedermänner, in die überspannte Dummheit der sogenannten Gebildeten, in die bärenhäutige Sorg

losigkeit der Philister und Genüßlinge, in das stumpfsinnige Hin-
brüten der Massen, die Sklaven eines Jeden sind, der sie tritt,
die dem Moloch des Erfolges opfern — trotz der Ströme heiligen
Blutes, die seit 80 Jahren für die Freiheit geflossen sind.

Leider fehlt es unserer Zeit an großen Charakteren, die
im Stande wären, die jüngste Vergangenheit und die Gegenwart
in ihrem ganzen Umfange von Erscheinungen, Gestaltungen und
Forderungen, in ihrer ganzen Größe und Bedeutung aufzufassen;
und die zugleich mit der markigen Kraft eines Luther Schwerter
und Feuerbrände zu predigen vermöchten gegen Alles, was faul
und moderig, gerichtet und überlebt ist, und die es verständen,
Tausende durch einen flammenden Ideenblitz zur rettenden That
fortzureißen, Völker zu erlösen durch das Wort! — Die
Männer der Gegenwart — können sie wirklich keine „Geschichte
machen"? Müssen sie dies wirklich dem Kaiser der Franzosen, dem
norddeutschen Bundeskanzler und den „hohen Frauen" überlassen?

Die französische Revolutions-Tragödie mit ihren von welt-
erlösenden Ideen berauschten Titanen Danton und Robespierre,
Desmoulins und Barbaroux ist lange vorüber. Ihre Ideen,
welche die Gründung des wahren Volks- und Rechtsstaates auf den Grundlagen der Freiheit, Gerechtigkeit,
Wahrheit und Bruderliebe bezweckten, harren noch immer der
Darstellung in der Form. Und doch war das blitzhafte,
vulkanische Hervorbrechen dieses Ideen-Feuerstromes nichts als
der Aufschrei der viele Jahrhunderte hindurch mit Füßen ge-
tretenen Menschheit; nichts als der verzweifelte Anlauf zur Erreichung eines Zieles, das in den Träumen der besten aller
Völker und Zeiten lebte, das längst in den Seelen der Geringsten
als mehr oder weniger verhüllte Ueberzeugung sich barg, ja das
dem reinsten religiösen Bewußtsein allezeit als Reich des un-
beschränkten Geisteslebens, der Wohlfahrt und der Freiheit vor-
schwebte. — Wessen Schuld war es, daß die Marseillaise ver-
klang, daß nach dem Falle des frevelnden Titanen von St. Helena
der Vorhang dunkel niederfiel, daß man in der allgemeinen
Tabaks-Kollegium-Atmosphäre nach 1815 den gewaltigen Ruck
erkannte und verdammte, der der Weltgeschichte über eines ihrer
schwierigsten Kapitel hinweggeholfen, daß die Völker überall „froh
und fromm, frisch und frei" Hand anlegten, um die Lavaströme
abzugraben, die zwar die alten Staaten zu vernichten drohten,
aber auf denen der herrlichste Wein der Zukunft gedeihen sollte? —
Die Epigonen waren ein schwaches Geschlecht, sie reichten ihren
Vätern nicht an die Schultern; und wenn es auch seitdem eine
Reihe, wenn nicht großer, so doch ehrenfester, beharrlicher,
todesmuthiger Männer gegeben hat, von denen sie etliche nieder-
knallten wie ein Stück Wild, etliche ins Zucht- oder Korrektions-

haus schickten oder in das fremde Land trieben, so ragten sie nur wie stolze Schwertlilien und heilige Lotosblumen über den Sumpf der politischen Halbheit, der patriotischen Schwärmerei, der Grund: satzlosigkeit hervor. — Denn die meisten der gelehrten und patrioti: schen Männer hatten kein Urtheil über das große Ereigniß, das sich vor ihren Augen vollzogen, sie waren blind für die natür: lichen Folgen, sie vergaßen die Konsequenzen aus dem Ge: schehenen zu ziehen für ihre Zeit, für ihr Volk.

Verweilen wir bei den Deutschen (denn ein Volk, das einen Mazzini hervorgebracht, verdient nicht obigen Vorwurf!). — Wie sich in dem französischen Revolutionskampfe der chao: tische Zusammenbruch politischer, sozialer und religiöser Bastillen vollzogen hatte und dadurch der Beweis geliefert worden war, daß die politischen Institutionen höchst unzeitgemäß und fehlerhaft, daß das soziale Leben, das Verhältniß der verschiedenen Gesellschaftsklassen zu einander eine große Dis: harmonie, daß die Stellung der Kirche zum Volksleben ein greller Widerspruch geworden, — wäre die richtige Konsequenz gewesen, den dreifachen Kampf, der durch das Interregnum eines Soldaten: despotismus auf 16 oder 17 Jahre unterbrochen worden war, um Erringung der politischen Freiheit, um Niederwerfung der wirthschaftlichen Schranken und um die Unabhängigkeit des Staates von der Kirche in den verschiedenen Theilen Teutschlands fortzusetzen in „engster Anknüpfung an die Ideen von 1789, und in Wiederaufnahme der Erklärung der Menschenrechte.

Die Gegner des Volks= und Rechtsstaates, die Metternichs und Ancillons, die „Schmalz=Gesellen"*) und Demagogenriecher wußten recht wohl, daß mit dem Zusammensturz des französischen Revolutions=Kraters und dem Erkalten der Lava nicht der Vulkan und seine Feueradern ertödtet seien. Das Jahr 1813 hatte sie erbleichen gemacht. Sie hatten die furchtbare Kraft des Giganten „Volk" kennen gelernt im Kampf für Thron und Unabhängigkeit. Wie, wenn es jenem Giganten einfiele, dieselben Throne zu zer: trümmern — nachdem er erkannt, was er im blinden Eifer über: sehen und was er in richtiger Konsequenz thun müsse?

Und so erfanden die scharfsichtigen Männer der alten Feudal=Monarchie, um das Prinzip derselben zu retten, ihre abschreckenden Formen zu verschleiern, aus dem Lager der Gegner die einflußreichsten zu gewinnen und zu verwirren, die Masse führerlos zu machen und den „Geist" der Revolution mit dem „Geist" Hildebrand's zu bekämpfen und dadurch mit einem alten

---

*) Die Anhänger und Genossen des berüchtigten Professors und Denunzianten Schmalz, die bei der Demagogen=Hatz im ersten Viertel dieses Jahrhunderts eine hervorragende Rolle spielten. (1891.)

Feinde (der Kirche) sich für immer zu verbünden: den Schein=
Konstitutionalismus, die Herrschaft der Geld=Interessen
und die Konkordate!

Es konnte nicht fehlen, daß hier und da die Krater des
künstlich verstopften Vulkans sich gewaltsam öffneten, — daß in
Frankreich, Italien und Deutschland der unertödtbare Volksgeist
sich erhob gegen die erwähnten Masken=Batterien des Absolutismus,
die Anknüpfung mit den Ideen von 1789 versuchte, um den
Volks= und Rechtsstaat aus der Vorstellung in die Wirklichkeit
zu übertragen. Wir nennen drei solcher Versuche:

1. Die Juli-Revolution von 1830. Sie wurde ausgenutzt
durch die Bourgeoisie für die Präventiv=Konstitution der Orleans,
für die Affeluranz der Geldsäcke. 2. Die Februar=Revolution
von 1848. Sie wurde verrathen durch die Allianz der „Halben"
mit den Abenteurern und Glücksrittern des Bonapartismus.
3. Die deutsche Revolution von 1848 und 49.

Sehen wir uns die Natur dieser deutschen Bewegung näher
an. Einheit und Freiheit waren die Losungsworte gewesen,
die vom württembergischen Verfassungskampfe bis zum deutschen
Parlament die Männer des Liberalismus beschäftigt, verwirrt
und schwankend gemacht hatten. Beide Schlagworte standen einander im Wege. Es lag dies an der Vielstaaterei und an dem
unglückseligen Dualismus Preußens und Oesterreichs, der zuerst
dazu beitrug, in den konstitutionellen Staaten Südwestdeutschlands
den Hebel zur Schaffung eines freien Deutschlands zu erblicken,
und dann, als man sich von der Unzuverlässigkeit dieses Hebels
überzeugt, die öffentliche Meinung in einem Anfall von politischem
Fatalismus nach der „preußischen Spitze" hindrängte.

Da platzte mitten in den Hexensabbath der preußischen Kaiser-
schwärmerei, des liberalen Sturmes und Dranges, der literarischen
Brandraketen der romantischen Staats=Ideen, der religiösen Bewegung und des allgemeinen europäischen Hungers die Pariser
Februar-Revolution hinein. Sie fand Zündstoff und Lumpen
genug, aber keine geschickten Feuerwerker und Strategen. Sie
überraschte gleichmäßig Liberale und Radikale. — Ein Umstand,
ein charakteristisches Merkmal der 48er Bewegung machte sich
besonders geltend. Die soziale Revolution, verkannt, vergessen und verachtet von deutschen Liberalen, hatte die französischen
Grenzen leise überschritten, hatte sich mit ihrer deutschen Schwester
in den Fabriken und Weberdörfern vereinigt und heischte, wie
die zertretene Gewissensfreiheit, ihre Anerkennung neben der
politischen Frage. Waren es nicht verkörperte Rachegedanken,
finstere anarchistische Dämonen, welche den Ruf nach Brot un-
heimlich in die Ohren der Satten und Uebersättigten gellten?
Ach nein, die deutschen Arbeiter wollten nur Gerechtigkeit,

sie forderten nur ein menschenwürdiges Dasein, nur die Befreiung aus der Zwingherrschaft des Kapitals, nur das Recht, ihren leiblichen und geistigen Hunger stillen zu dürfen. Und wenn sie zuweilen irrten und sich von einer leicht erklärlichen Erregtheit zu anarchistischen Exzessen hinreißen ließen, so war dies einzig und allein die Schuld ihrer Lehrmeister und Vormünder, die Schuld der staatlichen „Vorsehungen".

Gegenüber nun diesem gewaltigsten Auftauchen der drei unzertrennlichen Fragen, der politischen, sozialen und religiösen, hatten die Liberalen theils nicht Muth, theils nicht Ehrlichkeit genug, die eisernen Konsequenzen von 1789, von 1808 und 1813 durchzuführen. Sie zogen es vor, die soziale Bewegung, die mehr als Phrasen von ihnen forderte, zu verleumden, die Demokratie unter der Ketzermütze des „rothen Gespenstes" und der „Anarchie" an die „Gesellschafts-Retter", an die Reaktion zu verrathen. So wurde der glühende Revolutionsstrom von 1848 und 49 gezwungen, vor den Thronen stehen zu bleiben, zu stagniren, zu erkalten. So war es den Liberalen noch einmal gelungen, die Krater zu verstopfen, das deutsche Volk in die unsäglichste Verwirrung und Muthlosigkeit zu stürzen. Warum? Der Schein-Konstitutionalismus, der ganz geschickt war zur blutigsten Henkerarbeit und drückendsten Inquisition, bot ihnen den Freiheitsflitter, mit dem sie die Nacktheit ihrer kurzsichtigen Interessen-Politik, den Bankerott ihrer politischen Ideologie kunstreich zudecken konnten. Und was war die Folge dieses Frevels einer Partei, die bis zu den jüngsten Zeiten herab in erborgtem Prunk einherstolzirt ist? Die Liberalen, die Männer der „Halbheit" hatten das Vertrauen zum Volke, zu den Regierungen und zu sich selbst verloren; sie waren weder tauglich, eine konservative Richtung, noch eine oppositionelle Richtung zu vertreten; sie waren aber nur dazu da, in den Tagen der schwärzesten Reaktion „allergetreueste" Opposition zu spielen, die Glocken von Frankfurt läuten zu lassen; — sie dienten der Regierung, um derselben eine „neue Aera" zu ermöglichen, dieselbe zu glorifiziren und ihr das Laviren aus dem „Niemals!" in das Fahrwasser der deutschen Einheits- und Macht-Politik zu erleichtern; — sie vertauschten, geschickten Taschenspielern gleich, die Losung Freiheit urplötzlich mit der Parole Einheit und Macht!

Die Reaktion in Preußen wie in Oesterreich hat sich nicht einen Augenblick abhalten lassen, ihren Weg zu gehen, trotz der „neuen Aera" der Liberalen, trotz der famosen Februarverfassung von Wien. Die Liberalen dienten ihr nur als „lustige Person", um das Publikum nicht gar zu sehr in ernste Stimmung versinken zu lassen. Ueber die Farce des Nationalvereins werden die Historiker stets ohne Kopfzerbrechen hinwegkommen. Diese ungeheure Seifenblase ist ohne Geräusch zerplatzt, als Bismarck den Mund aufthat, um das große Wort „deutsches Parlament" auszusprechen.

Was nun? fragen wir.

In Oesterreich bedurfte es eines Solferino, eines Königs-grätz, der Orgien einer schonungslosen, blutigen, absolutistisch pfäffischen Reaktion, eines den ganzen Staatsorganismus lähmenden Nationalkonfliktes mit den Ungarn, eines drohenden Staats-bankerotts, um den Staat jetzt in die rechte Bahn zu leiten, wo ihn trotzdem noch immer Regentenlaunen, Beichtväter und Schleppen bedrohen.

Wollen die deutschen Demokraten auch auf eine gleiche pfäffische Reaktion, auf einen Staatsbankerott in Preußen, auf ein neues Jena warten, ehe sie gut genug dazu wären, eine Rettung zu versuchen, wo vielleicht keine mehr möglich wäre?

Wollen die wahren Patrioten zusehen, wie die Bildung des Volkes Rückschritte macht unter der Herrschaft der Schulräthe und der Geistlichkeit, wie die alljährlichen Schaustellungen unseres Scheinkonstitutionalismus das Volk politisch ermüden und ab-stumpfen, wie die thatlosen Phrasen eines impotenten Liberalismus die Freiheit und Einheit der Nation selbst in Verruf bringen, wie eine von Gold und Machtanbetung verfälschte Presse den gesunden Volkssinn betrügt und vergiftet, wenn irregeleitete Arbeiter-bewegungen nur der Reaktion dienen, wenn die Massenarmuth unter den drückenden Militärlasten und dem rapiden Anwachsen des Großkapitals ununterbrochen vorschreitet — so daß wir nach einem Jahrzehnt das deutsche Volk demoralisirt, entnervt, verdummt, bettelarm (bis auf einen kleinen Bruchtheil), zer-rissen in Preußen erster und zweiter Klasse und Süddeutsche am Rande des politischen Unterganges erblicken könnten?

Nun, gab es oder giebt es eine Fortschrittspartei? höre ich eine Stimme fragen.

Es gab einmal eine Fortschrittspartei, die den Demo-kraten von einst den Muth gab, sich wiederum am politischen Leben zu betheiligen, die dem murrenden und verzagten Volke, die den Arbeitern, die das zerschossene schwarz-roth-goldene Banner treu gehalten, wie eine schöne Morgenröthe der Freiheit aufging. Es folgte ihr kein Tag. Was war sie denn? Nun, eine Partei, zusammengesetzt aus frondirenden Liberalen, „gealterten" Demo-kraten, ehrgeizigen Strebern ohne Opfermuth und einigen braven Kämpen der Freiheit, unverwitterten Säulen des Volksthums: mit einem Worte: die Fortschrittspartei ist oder war der Kom-promiß der Halben mit den Ganzen; — wie hätte sonst aus ihr eine nationalliberale Partei hervorgehen können?

Die politische Berechtigung der Fortschrittspartei und ihres schüchternen Kompromiß-Programms vom 9. Juni 1861 hörte auf am 13. März 1862; sie vollzog den politischen Selbstmord, als sie im Sommer und Herbst 1863 nicht das that, was das lauschende Volk von seinen Führern erwarten mußte. Als ihr die Reaktion mit offenem Visir und mit der Devise: „zwischen Prinzipien giebt es keine Versöhnung!" entgegentrat, scheute sie es, das Visir zu öffnen und mit dem Rufe: „Entweder — Oder!" zu antworten. — Sie wußte warum. Drei Jahre hatte sie vorübergehen lassen, ohne eine schlagfertige Volks-Armee zu organisiren; — sie war eine Verächterin der sozialen Frage geblieben oder hatte dieselbe wenigstens nicht ehrlich ins Auge gefaßt, sie hatte sich als feurige Reden haltende Girondistenpartei geriert, und sich dadurch dem Mißtrauen und dem Verdachte ausgesetzt; sie war trotz ihres Namens preußisch geblieben und hatte es verschmäht, in preußischem Großmachtsdünkel den biedern Süddeutschen die Hand zur Verständigung zu reichen; — sie hatte einem verfassungswidrigen Regimente trotz der glühendsten Proteste nie die Mittel zu entziehen versucht; sie hatte in ihrem eigenen Schooße eine freiheits- und volksfeindliche Partei, die der Nationalliberalen, groß gezogen, sie hatte sich schon 1864 durch ihre Annexionsschwärmerei mit sich selbst in Widerspruch gesetzt. Das Jahr 1866 warf sie zu den Todten. Eine reaktionäre Regierung übertrumpfte sie. Sie ließ ihren Erben ein verwirrtes, führerloses Volk zurück. Und ihre Erben waren die Reaktion, und deren Tambours: die N a t i o n a l l i b e r a l e n.

Deutschland ist in drei Theile zerrissen! — Die Reaktion hat das große Bündniß mit den katholischen und protestantischen Jesuiten geschlossen! Der Cäsarismus streckt seine Krallen hinter dem nationalen Mantel hervor! Was nun? fragen wir wieder.

Wir werden eine Antwort geben, die einigermaßen paradox klingen mag.

Der Bruderkrieg von 1866 und die Konstituirung des Norddeutschen Bundes von 1867, der Schwindel der Nationalliberalen ist den Ideen von 1789 rettend zu Hülfe gekommen!

Sehen wir, auf welche Weise.

Zum ersten: Der Zersetzungsprozeß der Fortschrittspartei wurde beschleunigt, sie fing an, sich von den untauglichen und unvolksthümlichen Elementen zu säubern. — Es trat klar zu Tage, daß die Todsünde der Vernachlässigung der sozialen Frage alle liberalen Parteien wehrlos der Reaktion überliefert; — daß sie die Masse der Arbeiter, welche als geschlossene Bataillone die Schlachten der Freiheit siegreich zu schlagen vermögen, jedem beliebigen Demagogen, der entweder aus Ehrgeiz handelt oder von der Regierung beeinflußt ist, preisgiebt; daß sie dem sozialistischen Schulgezänk und Zelotenthum und somit der Zersplitterung Thür und Thor öffnet.

Zum zweiten: Die Ereignisse von 1866 bis 1868 haben die Richtigkeit der Einheitsfrage vor der Erringung der Freiheit dargethan. Sie haben bewiesen, daß der „deutsche Volksstaat Preußen" eine liberale Fata Morgana war: denn seitdem von 1815 ab Preußen die Gesetzgebung von 1808—12 Stück um Stück vernichtete, seitdem 1848 und 49 Preußen die Rolle zurückwies, die ihm das deutsche Volk in allzuvertrauensseliger Begeisterung entgegentrug, hat es darauf verzichtet, Deutschland durch moralische Kraft in Freiheit und Macht zu einen; es hat seine Mission verloren — an das deutsche Volk, an die Selbsthilfe desselben.

Es muß jedem denkenden Volksmanne, soweit er nicht von eigenen selbstsüchtigen Interessen oder vom Katheberstaube blind gemacht ist, klar sein, daß die Konsolidirung Deutschlands von Preußens Regierung aus nur auf dem Wege der Gewalt oder verwerflicher List, die man „Staatskunst" nennt, möglich ist; — daß dadurch nur ein Groß=Preußen geschaffen wird mit den widerstrebendsten Elementen; — daß eine solche Einheit sich nur auf die Allmacht der Geld=Interessen, auf eine gesinnungslose Bourgeoisie, auf die Demoralisation der besitzlosen und arbeitenden Bevölkerung, auf die Verpfaffung des deutschen Geistes und in letzter Instanz nur auf die Namen Krupp und Dreyse stützen kann. —

Was nun?

Es bleibt dem deutschen Volke nur eins übrig: Erringung der Freiheit um jeden Preis!

Und endlich die letzte Frage: auf welchem Wege?

Alle, welche der Ueberzeugung sind, daß das deutsche Volk bald, bald zu retten ist vor einer Jahrzehnte langen Leidenszeit, und vor der Gefahr der Demoralisirung, müssen sich vereinigen.

Wir nennen drei Richtungen: die norddeutsche Demokratie, die sich nur durch den Bannerruf Johann Jacoby's dem stagnirenden Gewässer des Nationalliberalismus und der Fortschritts=Philisterei mühsam entringt; — die süddeutsche und mitteldeutsche Volkspartei, die lange des Paktes mit den Ultramontanen und Depossedirten geziehen wurde, was neuerdings als Lüge sich erwies; — und die Arbeiterpartei, die man des Liebäugelns mit der Reaktion verdächtigte.

Diese drei Richtungen können und dürfen nur ein Ziel haben: die Erringung der politischen Freiheit, vollständige Niederwerfung der wirthschaftlichen Schranken Erlösung der Arbeit aus der Macht des Kapitals und

Befreiung von geistlicher Bevormundung, also rücksichts-
lose Anknüpfung an die Idee von 1789 — und in Verbindung mit den Volksparteien der anderen Gemeinwesen: die
freien Vereinigten Staaten von Europa!

Daß die nord- und süddeutsche Demokratie auch in der
Folge zusammengehen wird, dafür bürgen der Reichstag, das Zoll-
parlament, der Bundesrath und das skandalöse Gebahren der
„schwäbischen Preußen".

Es könnte nun noch die zweifelnde Frage aufgeworfen werden,
ob eine Arbeiter-Partei Berechtigung hat. — Sie hat dieselbe, seitdem es bisher alle Regierungen, alle Parteien
verschmäht haben, die Arbeiter anders zu betrachten, denn als
Steuerzahler, Soldaten, weiße Sklaven, Straßen-
kämpfer für liberale Institutionen, Publikum für ehrgeizige
und gewählt sein wollende Redner und als Stimmvieh! — Die
Arbeiter waren von allen Seiten verlassen, verächtlich bei Seite
geschoben, mit Redensarten abgefunden; sie waren, soweit sie
den echten Männerstolz in ihrer Brust fühlten und deutschen
Patriotismus, gezwungen, sich in selbständigen Parteien zusammen
zu finden, sich an diejenigen Führer anzuschließen, welche sie nicht
mit Hohn auf ihre eigene materielle Kraft anwiesen, sondern die
ihnen die Aussicht auf einen Staat eröffneten, der seine Söhne
nicht dem Moloch der Großindustrie und des Geldes, nicht dem
Erfrieren und Verhungern in Masse, nicht der Verdummung
preisgeben, sondern der das Volk selbst sein, der Selbsthilfe und Staatshilfe harmonisch vereinigen würde!

Noch mehr: Die Elite*) der Arbeiter (und sie ist nicht un-
bedeutend in Deutschland) zeigt, wie man täglich in den Vereinen
sich überzeugen kann, mindestens nicht weniger Intelligenz und
politischen Muth als die, von denen sie verschmäht und aus-
genützt werden. Jedenfalls wohnt in ihren Reihen mehr Un-
verdorbenheit, republikanische Tugend und reines Ge-
fühl, als in dem größten Theil der „blasirten" Bourgeoisie und
gelehrten Fachpedanten. — Das wissen die Arbeiter. Sie wollen
sich nur Achtung und Vertrauen erobern.

Indem man ihnen vorwirft: ihr dürft keine Standes-
Interessen vertreten, fügt man zum Irrthum den Hohn.
Denn: nur den bevorrechteten Klassen der Gesellschaft ist ein
Vorwurf daraus zu machen, wenn sie Standesinteressen vertreten,
welche dem Wohle des Ganzen schaden und das Recht der Andern
beeinträchtigen. Eine Volksklasse aber, die die überwiegende
Majorität der Nation ausmacht, welche den schwersten Theil der
indirekten Steuern trägt, welche fast die gesammte Wehrkraft
repräsentirt und welche nicht das Recht hat, aus der Arbeit

---

*) Der beste Theil, die Tüchtigsten.

der Hand und des Kopfes die Früchte zu ernten, die ihr im Namen der Gerechtigkeit gebühren, — ist darauf angewiesen, sich das zu erringen, was ihr zur vollständigen Gleichstellung fehlt, — und dies führt naturgemäß zum engen Zusammenschluß einer Partei der Gedrückten; und dies sind nicht allein diejenigen, die man gemeinhin Arbeiter nennt, das sind alle kleinen Handwerker und Gewerbetreibenden (ja auch die zahlreichen Proletarier des Geistes), die Jahr um Jahr mehr und mehr verarmen und zu Handlangern der großen Industrie- und Kapitalmächte heruntersinken. Das Geld steigt und konzentrirt sich — und die Menschen sinken!

Und wenn nun die große Mehrheit des Volkes zu der gedrückten und mittellosen Arbeiter- und Handwerkerklasse gehört, wenn nur ein verschwindender Bruchtheil der Nation mit Glücksgütern oder gutem Einkommen gesegnet ist, und wenn es den Führern der Demokratie, den treuen und braven Vorkämpfern, die oft selbst zu den Proletariern des Geistes gehören und deren Wiege oft in einer schlichten Werkstatt oder armen Bauernstube gestanden hat, wirklich Ernst mit der Erringung der wahren Freiheit, mit der Erlösung des deutschen Volkes aus physischem und geistigem Elend, die Hand in Hand gehen, mit seiner Erhebung auf die Stufe, die unser großer Fichte prophetisch vorhergesagt, heiliger Ernst ist, so werden sie sich nur als Mandatare, als Führer dieser Massen ansehen, dann werden sie den Arbeiter-Parteien in echter deutscher Treue und Brüderlichkeit, im wohlverstandenen politischen Interesse die Hand reichen; dann haben sie eine schlagfertige, entschlossene Volksarmee hinter sich, und der Sieg hängt nur von guter Strategie und exaktem Zusammenwirken ab. —

Doch um nicht mißverstanden zu werden, müssen wir jetzt davor warnen, den sozialistischen Schulstreit fortzusetzen, und die Rufe: hie Schulze, hie Lassalle! zu einem Fallstrick werden zu lassen.

In diesem Augenblick kann es sich nicht darum handeln, zu experimentiren, welches volkswirthschaftliche System den Vorzug verdient. Im Vordergrunde steht als ceterum censeo: Aufhebung der politischen Schranken, Erringung der politischen Freiheit. Ist dieser Kampfpreis erstritten, dann beginnt erst die ungehemmte Volks-Arbeit. Erst, wenn wir ein demokratisches Gemeinwesen besitzen, ist völlige Gewerbefreiheit, völlige Freizügigkeit, unbevormundetes Koalitionsrecht, durchgreifende Unterrichtsform, Trennung der Schule von der Kirche, gesundes Gemeinwesen, juristische Reform, Preßfreiheit, Versammlungsrecht, Herabsetzung des stehenden Heeres auf ein Minimum als Stamm, Volks-

wehrverfassung, allmälige Aufhebung der indirekten
Steuern, die Regelung der Arbeiter-Rechte gegenüber dem
Kapital u. s. w. möglich.

Indem wir das Gesagte zusammenfassen, sprechen wir: die
innigste Allianz der nord- und süddeutschen Demokratie
mit den Arbeitern ist die große Vorbedingung des Kampfes
gegen den hereinbrechenden Cäsarismus, der, gleich seinem
älteren Bruder jenseits des Rheins, nur ein nationales Kleid an-
gezogen hat, um das Volk nicht zu erschrecken, der hinter konstitutionellen Formen den Inhalt birgt, den die wackeren
Bastillestürmer von Paris fast vernichtet hatten, der mit den
Mächten des Mammons sich verbunden hat, um durch sie
über den Magen — der mit dem Geiste pfäffischer Finsterniß
sich befreundet hat, um durch ihn über die Herzen und Köpfe
zu herrschen. —

Das Programm, das Alle eint, und dessen Ausführung im
Einzelnen wir den Führern der großen deutschen Aktions-
und Volkspartei überlassen, kann nur das nächste Ziel des
Kampfes sein:

> „der ungetheilte deutsche Volksstaat auf breitester
> demokratischer Grundlage, mit beschließendem
> Parlament und demokratischer Spitze!"

Und nun an die Arbeit! — Zeit ist Geld! Zeit ist Brod!
Zeit ist Blut! Nicht gezittert, wenn auch einiger Staub aufgewühlt
wird bei stürzenden altem Gemäuer, und hier und da ein Arbeiter
oder Pionier verschüttet wird. Nicht gewankt! Das Volk wird
selbst bestimmen das Haupt, das nach Uhland (Januar 1849) nur
mit einem vollen Tropfen demokratischen Oels gesalbt
sein kann.

--

6.

Der Staat und das Genossenschaftswesen.

Von Karl Hirsch.

Zu Punkt X. des Eisenacher Programms.

Aus dem „Volksstaat" 1869.

(Siehe Seite 165.)

I.

Es ist eine durch die Statistik hinlänglich erwiesene Thatsache, daß unter den modernen staatlichen und gesellschaftlichen
Einrichtungen die Zunahme der Reichthümer begleitet, ja vielfach überflügelt wird von der Zunahme des Pauperismus; mit
andern Worten: daß die Zahl der Besitzenden abnimmt im Ver-

hältniß zu der Masse des Proletariats. Die allgemeine Ursache dieser Erscheinung ist in der modernen Produktionsweise
gefunden worden, die auf einer großen Arbeitstheilung und
großen Vorschüssen in Anlagekapital, Rohmaterial und Lohnfonds,
beziehungsweise auf freiem Kauf und Vernutzung lebendiger
Arbeitskraft als einer Marktwaare beruht. Daß die Arbeitskraft als eine Waare ver- und gekauft wird, hat zur Folge,
daß der Besitzer derselben, der Arbeiter, durchschnittlich keinen
höheren Preis für seine Waare erzielt als jeder andere Waaren-
besitzer für die seinige, nämlich das Ungefähre der Herstellungskosten. Der Preis der Arbeitskraft, der Lohn, wird durch die
Herstellungskosten derselben, d. h. durch die nothwendigsten Lebensmittel des Arbeiters, und wenn man will, durch die Ergänzungs-
kosten, d. h. durch die nothwendigsten Bedürfnisse der Familie,
bestimmt.

Daß selbst die vollste staatliche Freiheit diese allgemeine
Erscheinung nicht wesentlich zu ändern vermag, lehrt ein Blick
auf die politischen und sozialen Verhältnisse Nord-Amerikas. Allgemeines, gleiches und direktes Wahlrecht mit geheimer Abstimmung und Diätenzahlung, Rechtsgleichheit, republikanische
Verfassung, Volksheer — all dies vermag dort bekanntlich nicht
zu verhindern, daß die gesellschaftliche Entwicklung — die Zunahme des Proletariats — nicht etwa blos in gleichem Maße
wie in Europa, sondern noch rapider vor sich geht.

Es ist allerdings unbestreitbar, daß nur in der Freiheit und
den politischen Reformen die Lösung der sozialen Frage gedacht
werden kann, ebenso gewiß ist aber auch, daß in den Reformen
— als Formen — allein noch nicht die Lösung an und für sich
gegeben ist. Sie liegt sowohl begrifflich, als auch geschichtlich in
der Bildung von Kollektiv-Eigenthum auf dem Wege der
Genossenschaft. Die Genossenschaft ist aus der bürgerlichen
Produktion herausgewachsen, die die Arbeiter daran gewöhnt hat,
zu einem gemeinsamen Zweck — freilich dem Zweck eines Dritten
— ihre Arbeitskraft unter ein Kommando zu stellen und sich „in
die Hände" zu arbeiten. Die Bourgeoisie hat aber nicht nur die
Arbeiter den Nutzen der Vereinigung kennen gelehrt und ihnen
die Disziplin zur Genossenschaft anerzogen, sondern sie hat sie
auch direkt dazu aufgemuntert und angetrieben, sich genossenschaft-
lich zu vereinigen. Freilich brachte sie ihre eigene Zweckvorstellung
dabei mit, die Genossenschaft solle ihre Mitglieder aus Ausgebeuteten zu Ausbeutern, zu Kapitalisten machen, ein naiver
Standpunkt, auf welchem heute noch in Teutschland Schulze-
Delitzsch mit seinen Genossenschaften steht. Aber die Unvereinbar-
keit dieses Zweckbegriffs mit der ganzen Individualität der in
den Genossenschaften vereinigten Arbeiter bedingt den Mißerfolg

solcher Genossenschaften. Wenn sie nämlich Erfolg haben, ver-
ändern sie gewöhnlich die normale Arbeiteranschauung, das auf
die Erlösung der ganzen Klasse gerichtete Streben, und verwandeln
den Genossenschaftler in einen egoistischen Aktionär.

Man kann z. B. namentlich von den unter den Auspizien
des Herrn Schulze zu Stande gekommenen Produktiv-Genossenschaften sagen, daß sie nie mißlungener waren als in den wenigen
Fällen, wo sie als gelungen und erfolgreich bezeichnet wurden.
Umgekehrt, die Mißerfolge, die — womit sich Herr Schulze
trösten mag — in den vorgerückteren Industrie-Ländern ebenso
regelmäßig sich einstellten wie bei uns in Deutschland, hatten
wenigstens den Erfolg, die Arbeiter auf das wahre, das echte
Prinzip der Genossenschaft zu führen: auf die Produktion von
unveräußerlichem Kollektiv-Eigenthum mit gleichem Nutznießungs-
recht (verbunden mit Altersversorgung). Die Resultate dieser
namentlich in Frankreich, Belgien und Amerika herrschenden Form
der Produktiv-Assoziation sind unbestritten bedeutender als die
Resultate der auf Produktion von Kapitalisten gerichteten. Die
Frage, wie es denn für große Massen von Arbeitern möglich gemacht werden könne, bei ihrer (nach dem Eingangs entwickelten
sog. „ehernen Lohngesetz") die Grundlage der gegenwärtigen Produktionsweise bildenden Besitzlosigkeit die großen Vorbedingungen zu Produktiv-Assoziationen zu beschaffen, als: Grundstücke, Gebäulichkeiten, Maschinen, Rohmaterial und die bis zur
Verwerthung der ersten Produkte nöthigen Lebensmittel — diese
Frage wird von den Sozialisten mit dem Hinweis auf jene gewaltige, aus dem bürgerlichen Zusammenleben hervorgegangene
Organisation beantwortet, die sich — ihrer Idee nach — zur
Aufgabe zu machen hat, alles Schlechte in der menschlichen Gesellschaft zu bekämpfen und alles Gute zu fördern — mit dem
Hinweis auf den Staat. Von anderer Seite wird sowohl die
Möglichkeit als auch die Zulässigkeit eines staatlichen Eingreifens
in die allgemeinen Produktionsverhältnisse mit Entschiedenheit be-
stritten, ohne daß indeß eine plausible Meinung über den Weg
geäußert würde, aus einem Zustande herauszukommen, der auch
von dieser Seite als verderblich, verwerflich und unhaltbar bezeichnet wird. Prüfen wir die beiderseitigen Argumente.

* o *

II.

Um zahlreichen Arbeitslosen Beschäftigung und dadurch Brot
zu bieten, sind nicht blos 1848 im republikanischen Frankreich,
sondern auch früher und später in anderen, in monarchischen
Ländern von Staatswegen Unternehmungen theils direkt begründet,
theils indirekt befördert worden. Diese Intervention des Staats

in den Gang der bürgerlichen Produktion war in den betreffenden
Verhältnissen für nöthig gehalten worden, weil man nicht anders
die gefährliche Masse zu beseitigen wußte, die als „überschüssige
Hände", als „Reserve" eine natürliche und nothwendige Zugabe
zur modernen, kapitalistischen Produktionsweise, eine stete Gefahr
für Sicherheit und Ordnung der Gesellschaft bildet. Dieses fried-
liches Aushilfsmittel aus einer großen sozialen Verlegenheit wurde
indeß nicht lange versucht, sondern bald ersetzt durch Kartätschen,
Deportationen, Gefängnisse und eine massenhafte Auswanderung.
Durch diese heroischen Mittel konnte man das Prinzip umgehen,
auf welchem das erstere friedliche Mittel basirt war, ein Prinzip,
das von unbefangenen Theoretikern und sehr großen Praktikern
unumwunden anerkannt ist, und dessen Proklamirung, so sehr man
auch diese Thatsache zu vertuschen liebt, 1848 in Frankreich und
in Deutschland der stärkste, um nicht zu sagen der einzige Hebel
der Revolution war. Dieses Prinzip ist das Recht auf Arbeit.
Man vergleiche u. A., was über dieses Recht Varnhagen von
Ense sagt (Tagebücher IV., 2. Aufl., S. 266 und 278), der
kein Sozialist ist, und Stuart Mill, der ebenfalls keiner ist, an
verschiedenen Stellen der „Grundsätze ꝛc." — Die Manchesterschule
sogar erkennt dieses Recht, beziehungsweise die entsprechende Pflicht
des Staates an, will jedoch die Anwendung auf Ausnahmefälle,
sog. Nothfälle, beschränkt wissen. In England nun sind diese
Ausnahmefälle längst zur stehenden Regel geworden: die „Work-
houses"*) sind absichtlich zu „Häusern des Schreckens" gemacht
worden; dies verhindert aber nicht, daß sie stets gefüllt sind.
Auch in Deutschland wiederholen sich die Ausnahmen immer
rascher und anhaltender in entsetzlicher Regelmäßigkeit, während
sich die Verhältnisse der dazwischenliegenden Pausen ebenso be-
harrlich den zugegebenen Extra-Fällen nähern. Es genügt indeß,
zu konstatiren, daß das Eingreifen des Staates in die Produktion
thatsächlich mit dem Recht auf Arbeit motivirt worden ist, und
daß die Ursachen, die zur Beanspruchung dieses Rechts führen,
nicht in ausnahmsweisen unglücklichen Ereignissen, sondern gerade
in dem alltäglichen, ja in dem Prosperitäts-Gang unserer Produktion liegen. Prosperität der Geschäfte**) führt regelmäßig
zur Ueberproduktion, diese zu Krisen und Arbeitslosigkeit. Dem
entsprechend ist es für denkende und praktische Staatsmänner
Aufgabe, statt der bisherigen exzeptionellen***) Aushilfsmittel sich
nach solchen umzusehen, die dem dauernden Uebel auch dauernd
begegnen und vorbeugen. Als das weitaus wichtigste der in
Betracht kommenden Mittel erscheint aber das Genossenschafts-

---

*) Arbeitshäuser.
**) Geschäftsblüthe.
***) ausnahmsweisen.

wesen. Zahlreiche Produktiv-Genossenschaften*), als bestehend gedacht, würden die Zahl der den Krisen absolut Unterworfenen vermindern, zu größerer Regelmäßigkeit der Produktion bei-tragen (da sie ihrer Natur nach weniger spekuliren als der reine Unternehmer), ferner als Ableiter des Arbeitsmarktes die stete Tendenz der Lohnerhöhung für die andern Arbeiter haben, endlich in dennoch eintretenden Nothfällen gewissermaßen die Cadres**) zu einer ausgedehnteren Beschäftigung Arbeitsloser bilden. Es ist aus alledem ersichtlich, daß es für jeden auf modernem Verkehr begründeten Staat in gewissen Zeiten eine Existenzfrage sein wird: ob er das Genossenschaftswesen mit aller Kraft gefördert hat oder nicht. Und zwar muß es als eine Sophisterei bezeichnet werden, wenn man sagt: der Staat soll die Bildung von genossenschaftlichem Eigenthum fördern, aber nur dadurch, daß er alle gesetzlichen Hindernisse aus dem Wege räumt. Daß der Staat keine beschränkenden Gesetze dagegen machen darf und die bestehenden möglichst summarisch, mit einigen Feder-strichen, zu vernichten hat, ist selbstverständlich: um andere Hindernisse aber handelt es sich, als um gesetzliche, nämlich um thatsächliche, und diese sind, wenn man das Genossenschaftswesen aufrichtig und wirklich fördern will, zu bekämpfen. Diese Hinder-nisse sind hauptsächlich der Mangel an den zu gemeinsamen Betrieb nöthigen Sachkenntnissen und der Mangel an Mitteln. Man glaube nicht, daß das laisser faire***) des allgemeinen Verkehrs oder der allgemeinen Bildung den ersteren Mangel abstellen würde; — so wenig als ohne Staatsinstitute Verkehr und Bildung Eisenbahn-Ingenieure hervorgebracht hätten. Es ist vielmehr ein ganz direkt auf das genossenschaftliche Ziel gerichteter spezieller Unterricht un-umgängliche Vorbedingung.

Was die Mittel betrifft, so stehen wir hier wieder vor der Frage, die uns am Schlusse des ersten Artikels beschäftigt hat: ist Staatskredit oder überhaupt positive, materielle Begünstigung seitens des Staates zulässig oder nicht?

Die Sozialisten weisen, um die Frage bejahen zu dürfen, darauf hin, daß der Staat längst mit aller Energie auf Bildung und Mehrung von großem Privateigenthum hingearbeitet habe und es dafür an Exemptionen, Immunitäten, Privilegien, Benefizien, Dotationen, Subventionen†), Darlehnen, Garantien, Krediten, Stundungen u. s. w. u. s. w. noch heute keineswegs fehlen lasse,

---

*) Nicht Schulze'sche kleine Aktiengesellschaften, die jede Krisis sprengt, sondern auf Produktion von Genossenschaftseigenthum gerichtete.
**) Rahmen, Stämme, meist im militärischen Sinne gebraucht.
***) Das „Sich selbst überlassen sein".
†) Steuerbefreiungen, Vorrechten, Unterstützungen aller Art.

daß vielmehr die positive Unterstützung, die der Staat den In-
habern von Privateigenthum aller Art zur Vermehrung desselben
angedeihen läßt, von Jahr zu Jahr enormer und augenfälliger
wird. Als Beispiele führt man die Eisenbahn-Garantien und
-Subventionen, die staatlichen Kredit-Institute, die Steuerkredite,
die Zollkredite und Rabatte und vieles Andere an, was zusammen-
genommen allerdings als ganz dieselbe Leistung des „Staatssäckels"
betrachtet werden muß, die von den Gegnern der Sozialisten als unzulässig bezeichnet wird. Warum sollte derselbe Staat mit denselben
Mitteln nicht viel eher genossenschaftliches Eigenthum mehren helfen?

Die Gegner, soweit sie nicht das Thatsächliche der sozialistischen Behauptungen — allerdings mit wenig Glück — bestreiten,
erklären, daß ein Mißbrauch einen zweiten Mißbrauch nicht recht-
fertige. Staatshilfe sei eben auch Privat-Unternehmern, auch
Kapitalisten gegenüber unzulässig und zu verwerfen.

Die Prüfung dieses Einwandes ist nicht schwer. Man unter-
suche irgend eine der dem Kapital gegenwärtig zukommenden
Staatsleistungen nach ihren Wirkungen für das Gesammtinteresse
des Staates. Unbestreitbar sind sie alle insgesammt, von einzelnen nebengeordneten Uebelständen abgesehen, von den wohl
thätigsten und wichtigsten Wirkungen für die Gesammtheit gewesen — und sind es noch heute. Ohne Staatsgarantie
wären wichtige Straßen, Kanäle und Eisenbahnen gar nicht ge-
baut worden, die heute dem geistigen und materiellen Fortschritt
ganzer Bevölkerungen unentbehrlich scheinen. Die Steuerkredite
haben den Handel und die Industrie ungemein gefördert und zur
Bildung großer Unternehmungen geführt, die eine reiche Quelle
von Kultur, Wohlstand und Bildung wurden. Dasselbe gilt von
den Zollkrediten, und die Zollrabatte vollends gaben den Impuls
zu der freihändlerischen Bewegung, die die engen politischen
Schranken durchbricht und für eine Waarengattung nach der
anderen den Weltmarkt herstellt. Ohne die Staatshilfe, die
den Fabrikanten zum großen Theil auf Staatskosten billige Tech-
niker lieferte, war die Hebung der Industrie nicht möglich. Die
ungeheure Steigerung der Produktivität des Ackerbaues, die wir
erlebt haben, war undenkbar, wenn nicht Staats-Institute das
Anlagekapital vorgestreckt, dazu noch die Produkte beliehen und
obendrein (persönlichen) Wechselkredit gewährt hätten — und
noch heute würde die landwirthschaftliche Großproduktion ins
Stocken und das ganze Land in unrettbares Verderben gerathen,
wenn der ersteren diese dreifache Selbsthilfe versiegte. Man
kann es daher unmöglich für Ernst halten, wenn der jüngste Vertreter der absoluten Staatshilfe, Herr Dr. Max Hirsch aus
Magdeburg, neulich in der Pfalz erklärte, daß er und seine
ökonomischen Parteigenossen eben so sehr die dem Kapital, als die

der Arbeit zugedachte Staatshilfe bekämpfen. Wenn die großen
Spiritusbrenner in der Provinz Sachsen nicht durch Staatshilfe
erstens billiges Hypothekengeld, d. h. Anlagekapital, zweitens
Lombards*), drittens Bankkredit und viertens Steuerkredit be-
kamen und noch bekämen, wenn nicht wichtige, durch Staatshilfe
gebaute Eisenbahnen den großen Transport ermöglichten, und
wenn die Firma Hirsch in Magdeburg nicht selbst Lombard, Bankkredit und Steuerkredit durch eine buchstäbliche Staatshilfe ge-
noß: so konnte besagte Firma nicht ein so großes Spiritusgeschäft
machen, als sie thatsächlich gemacht hat und macht — und Herr
Dr. Max Hirsch hätte dann weder Mittel noch Muße, um die
Arbeiter von der Unzulässigkeit, Unmöglichkeit und Unmoralität
aller Staatshilfe zu überzeugen. Dieses Beispiel zeigt augen-
scheinlich, daß die Staatshilfe für die Produktion im Prinzip
nicht nur zulässig ist, sondern unter Umständen sogar für die Gesammtheit sehr vortheilhaft sein, ja auch ohne daß eine besondere
Kalamität, ein offener Nothstand vorliegt, dennoch zur unbedingten
Nothwendigkeit werden kann. Und da wir ohnehin die hohe
Wichtigkeit des Genossenschaftswesens dargethan, so ist damit auch erwiesen, daß für dasselbe unter Umständen direkte Staatshilfe ebenso
zulässig und nothwendig erachtet werden muß, als für das Großkapital.

Eine andere Frage ist indeß die, ob und unter welchen Vorbedingungen eine derartige Staatshilfe — die wir uns zunächst als
Staatskredit denken — ausführbar ist.

*   *

III.

Gegen die Ausführbarkeit einer staatlichen Förderung des
Genossenschaftswesens durch Darlehn wird geltend gemacht, daß
der Staat nicht im Besitz der ungeheuren Mittel sei, die nöthig
wären, um alle Arbeiter auf solche Weise in Genossenschaften zu
beschäftigen. Es muß dieser Einwand in dem Falle als ganz zu-
treffend erachtet werden, wenn davon die Rede sein sollte, mit
einem Schlage die jetzige Produktionsweise aufhören und eine
allgemeine Staatsproduktion beginnen zu lassen. Es ist indeß
dieser Gedanke so absurd, daß man ihn billigerweise bei keinem
Sozialisten, der ihn nicht ausdrücklich kundgiebt — und unseres
Wissens hat dies noch keiner gethan — voraussetzen sollte. Die
Frage der Staatsproduktion anlangend, die hier manchmal ohne
innere Veranlassung herbeigezogen wird, ist es beiläufig bemerkt
zwar richtig, daß sie in der Regel nicht so profitabel ist als
Privatproduktion, allein die Hauptursache, warum sie es nicht
ist, scheint uns eine sehr erfreuliche: sie liegt in der besseren
Lebensstellung der in der betreffenden Staatsproduktion ver-

---

*) Pfandanleihen.

wendeten Arbeiter. Die anderen Ursachen aber sind niemals wesentliche, sondern zufällige, die sich heben lassen.

Indeß handelt es sich hier weder um Staatsproduktion, noch um allgemeine Staatsgarantie, sondern um Kredite für einzelne Produktiv-Genossenschaften. Daß aber dem Staate keine höheren Leistungen zuzumuthen sind, als er ohne Gefahr und Schwierigkeit ertragen kann, versteht sich wohl von selbst. Schwierig ist dabei nur die Lösung des Problems, wie man, die momentane Leistungsfähigkeit des Staates als eine gegebene Größe angesehen, der Mißlichkeit konkurrirender Anforderungen vorbeugt? Reduktionen würden leicht den Zweck der Kredite beeinträchtigen, während Diskonto-Erhöhungen aus einem leichtbegreiflichen Grunde nicht abschrecken und die bekannten Bankmittelchen, wie Formschwierigkeiten, Verschleppungen u. dgl., ohnehin nicht vorhalten würden, auch mit dem ganzen Geiste der erörterten Institution nicht vereinbart werden könnten. Die größere oder geringere Wichtigkeit dieses Problems wird lediglich bestimmt durch das Verhältniß der berechtigten Nachfrage zu der Summe, über welche jeweilig disponirt werden kann. Wir sagen: berechtigte Nachfrage, und verstehen darunter die Kreditforderungen solcher Genossenschaften, die in der nachzuweisenden moralischen und sachlichen Tüchtigkeit ihrer Mitglieder und in ihrer, den zu gebenden Gesetzen entsprechenden Einrichtung die Garantie bieten, die der Staat verlangen kann und muß, daß das Geld nicht, wie man zu sagen pflegt, „hinausgeworfen" ist. Sorgfältige Prüfung und gewissenhafte Kontrolle würden nicht fehlen dürfen. Die Höhe jeder Kreditforderung würde nach dem, von der Genossenschaft selbst vorzulegenden und staatlicherseits ebenfalls zu prüfenden, zu Anlage und Betrieb absolut erheischten Bedarf zu bemessen sein; der Rückzahlungsmodus nach der ebenso vorzulegenden und zu prüfenden Rentabilitätsberechnung.

Unter diesen Bedingungen ist ein allzugroßer Andrang von Genossenschaften nicht zu befürchten, aber ein Andrang, der immerhin groß genug ist, eine merkliche Lücke im Arbeitsmarkt entstehen und den Lohn der anderen Arbeiter steigen zu lassen. Ueberhaupt wird es sich für lange Zeit nur um die städtische Industrie handeln; auf dem Lande fehlen noch alle Vorbedingungen der Korporation: Arbeitstheilung, Intelligenz, Kenntnisse 2c.

Falls dennoch Konkurrenzen eintreten, so könnten maßgebend sein: 1. Anziennität (der Konstituirung der betr. Genossenschaften); 2. Rentabilität und Rückzahlungsmodus; 3. Dringlichkeit in Nothfällen; 4. Anziennität des Anspruchs u. s. w.

Es lassen sich eine Menge technischer Einwendungen gegen die spezielle Ausführung erheben. Andererseits läßt sich wieder gegen jede Einwendung nicht ohne Erfolg eine Vertheidigung geltend machen: — woraus hervorzugehen scheint, daß man in dieser so hochwichtigen, schon einmal so verhängnißvoll gewordenen Frage erst noch eine Reihe von praktischen Erfahrungen sammeln muß. Freilich würde dann, um eine Art von Versuchs=feld zu gewinnen, die rechtzeitige praktische Inangriffnahme der Frage rathsam erscheinen. Gerade jetzt, wo im Vergleich zu früher, nach Innen und Außen eine verhältnißmäßige Ruhe herrscht und eine größere Krisis weder vorhanden, noch in Aussicht ist, gerade jetzt ist es geboten, eine Frage allen Ernstes zu studiren, die einst jeden Staat, welchen sie unvorbereitet trifft, in die grenzen=loseste Verwirrung stürzen wird.

Aber allen Ernstes muß man an die Frage herantreten, ohne jeden Hintergedanken eines frivolen Spiels oder Mißbrauchs. Versuche, aus einer einfachen Pflichterfüllung des Staats gegen=über der großartigsten sittlichen und Kultur-Erscheinung unseres Jahrhunderts einen — reaktionären Köder für die Arbeiter und ein Schreckmittel für die Bourgeoisie zu machen, würden gewissen Regierungen nahe genug liegen. Es giebt indeß einen untrüg=lichen Probirstein, jede unehrliche Inangriffnahme des beregten Gegenstandes von einer ehrlichen zu unterscheiden. Eine Regie=rung, die die Nothwendigkeit einsieht und das Streben hat, loyal vorzugehen, wird die reine Selbstverwaltung der Genossen=schaften — unbeschadet finanzieller Kontrolle — achten und zu sichern bemüht sein müssen. Sie wird von vornherein auf jede Hineinregiererei verzichten und sich dieselbe durch klare Gesetze unmöglich machen müssen. Sie wird überhaupt genöthigt sein, das laufende Geschäft mit den Genossenschaften nicht etwa einer Behörde, einem Regierungsrath, sondern einer besonderen Bank zu übertragen, deren Personal oder wenigstens deren leitendes Personal auf Vorschlag einer parlamentarischen Kommission vom Parlament erwählt und von der Regierung unabhängig ist. Sie mag sich mit dem Bestätigungsrecht genug sein lassen. Kredite unter einem gesetzlich zu bestimmenden Betrage prüfe und ent=scheide die Bankdirektion (als Kollegium); höhere Summen mögen durch Gesetze dekretirt werden.*)

---

*) Es wird vielleicht Manchem unbekannt sein, daß in Württem=berg eine große, rein auf Kollektiv-Eigenthum basirte Genossenschaft schon seit langer Zeit Staatshilfe in ausgedehntem Maße erhält — die von Gustav Werner in Reutlingen in den dreißiger Jahren gegründete Gesellschaft „zur Bruderhilfe". Diese Gesellschaft besitzt in Reutlingen und in verschiedenen Landestheilen Württembergs ca. 25 verschiedene Anstalten im Gesammtwerth von über fünf Millionen Gulden und betreibt die verschiedensten Produktionen, als: Landwirthschaft, Müllerei, Spinnerei, Weberei, Maschinen=fabrikation, Tischlerei, Kleider= und Schuhwaaren=, Bronze= und Silberwaaren=, Papier= und Portefeuille=Fabrikation, Buchbinderei.

Selbst unter solchen Bedingungen ist es immer noch möglich, daß die Beziehungen der staatlichen Faktoren zu den Genossenschaften auf Seiten der Regierungen in selbstsüchtige Ränke und Intriguen auf parlamentarischer Seite in faktiöse*) und demagogische Umtriebe auszuarten drohen; doch ließen sich der gesunde Sinn der Massen und die öffentliche Meinung als hinlängliche Schutzmittel dagegen betrachten oder noch weitere Garantien als die aufgezählten anwenden. Eine Regierung aber, die auch nicht einmal diese, vielleicht zu flüchtig skizzirten Sicherheiten gegen den Mißbrauch der staatlichen Förderung des Genossenschaftswesens für nothwendig hielte, würde den klaren Beweis liefern, daß es ihr nicht um Förderung des Wohles der arbeitenden Klassen, sondern um politische Agitationen der verwerflichsten Art, nämlich um plumpe Bestechung eines kleinen Theils des Proletariats zu thun ist, um bereite Fäuste zur Niederhaltung des anderen größeren Theils zu haben.

Einem solchen Beginnen aber müßte die Demokratie aller Schattirungen den äußersten Widerstand leisten und würden ohne

Buchdruckerei u. s. w. — Die Anstalten erhalten unter allgemeiner Billigung der Bevölkerung Staatshilfe, weil sie Arbeitslosen und solchen, die schwer geeignete Arbeit finden, wie gefallenen Mädchen und entlassenen Bestraften, Unterkommen und geistige Pflege bieten. Daß die Anstalten schlecht reüssiren (schlechten Erfolg haben) und der Staatshilfe bedürfen, daran ist das religiöse Beiwerk schuld, mit welchem das Streben der Gesellschaft versetzt ist. Vor dem „Reich Gottes", das „gegründet werden soll", werden irdische Bestrebungen und Bedürfnisse nicht genug gewürdigt, und die fast pietistische Afzetik in dem (natürlich gemeinsamen) Leben und Konsum rächt sich durch eine vielfach grassirende Heuchelei, verbunden mit Materialverschleuderung. Auch Veruntreuung und Unterschlagung richten nicht selten Schaden an. Diese Uebel würden von selbst wegfallen, wenn der Sinn der Brüder sich weniger auf das Ueberirdische und mehr auf das Weltliche und Sinnliche richten würde. Der gesunde Mensch will nicht nur leben, sondern möglichst gut (auch im körperlichen Sinne) und angenehm leben. — In Preußen sind die bekanntesten, aber bei Weitem nicht die einzigen Fälle großartigster industrieller Staatshilfe die den Fabrikanten Borsig und Krupp seinerzeit gewährten Millionen. Der gegenwärtige Flor der zwei genannten Geschäfte, durch die mehr als 50 000 Menschen Existenz haben, wäre ohne Staatsunterstützung wohl kaum vorhanden. — In Oesterreich waren es meist hochadlige Industrielle, deren Unternehmungen durch direkte Staatsmittel gefördert worden sind. — In Bayern, speziell in München, Augsburg, Nürnberg u. a. O. „arbeitet" eine lange Reihe von Unternehmern mit Staatskapital. Die bayerische Großindustrie verdankt dem Staate ihre ganze Existenz.

*) im Interesse einzelner Parteien gemachte.

Zweifel auch die deutschen Produktiv-Genossenschaften verächtlich den Rücken zuwenden!

Im Sinne dieser Ausführungen glauben wir, kann gegen den Punkt 10 des Eisenacher Programms, welcher Staatskredit für „freie Genossenschaften" „unter demokratischen Garantien" fordert, kein Demokrat etwas einwenden.

Eine andere Frage ist freilich: ob der gegenwärtige Staat, ob die sogenannte konstitutionelle Monarchie im Stande ist, die Aufgabe, den Genossenschaften Kredit zu vermitteln, auch nur annäherungsweise zu lösen. Wir müssen diese Frage entschieden verneinen.

* * *

IV.

Wir haben in den früheren Artikeln den Nachweis geführt, daß der Staat prinzipiell die Pflicht hat, das Genossenschaftswesen positiv zu fördern, und daß die Arbeiter berechtigt sind, auch vom heutigen Staate eine solche Förderung in Form des Staatskredits zu verlangen, sowie endlich, daß der heutige Staat schon aus Klugheitsrücksichten gut daran thun würde, sich mit dem Gedanken der ehrlichen Erfüllung dieser Forderung vertraut zu machen. Eine ganz andere Frage aber, die wir zu beantworten haben, ist die:

Ob der heutige, d. h. der nach den Interessen und der Vorstellungsweise des Bürgerthums eingerichtete, der monarchische und mehr oder weniger konstitutionelle Staat auch im Stande ist, die an ihn gestellte Forderung so zu erfüllen, wie sie — nach unsern früheren Ausführungen — einzig und allein erfüllt werden kann, nämlich ohne Hintergedanken, ohne Korruptionsgelüste, ohne Vorbehalte, — eine Leistung ohne andere Bedingungen als solche, die aus der Natur der Leistung selbst entspringen?

Eine alte Fabel erzählt, daß der Wolf einmal, von Gewissensbissen gequält, den festen Vorsatz gefaßt habe, fortan die unschuldigen Lämmer zu schonen und nur von Kräutern und Früchten zu leben. Als ihm aber das erste Schaf begegnete, da sagte er zu sich selbst: „Was ist denn für ein Unterschied zwischen Thier und Pflanze? Das Thier ist nur eine bewegliche Pflanze, die Pflanze nur ein stummes, in die Erde gewachsenes Thier. Darf ich das Eine genießen, warum nicht auch das Andere? Dieses Schaf hier lebt von Früchten und ist selbst die Frucht seiner Eltern. Frucht ist Frucht!" Sprach's und zerriß es.

Der Wolf in der Fabel hatte Gewissensbisse. Ein richtiger, natürlicher Wolf hat keine, kann keine haben. Er gehorcht lediglich seiner eigenen Natur, die ihm Tatzen, Greif- und Nage-Zähne, sowie einen vortrefflichen Magen zum Verdauen des rohen Hammelfleisches gegeben hat. Seine Denkweise ist nicht trennbar von seinem sonstigen Wesen, seine moralische Anschauung über das Hammelfressen ist wie sein Gehen, Schlafen, Kauen, Verdauen, ein Theil seiner hammelfresserischen Natur. Und weil diese seine Natur vollkommen auf die Schafjagd angelegt ist, so wird nothwendig die Wolfsmoral, so lange es Wölfe giebt, das Schaffressen als das ideale Gut, als den höchsten Zweck des Lebens ansehen.

Und ganz so verhält es sich mit der modernen Gesellschaft, diesem Wolf im liberalen Schafspelz, der die lammfrommen Unterthanen theils auf den Schlachtfeldern, Richtplätzen, Manövern, Eisenbahnen, Wettrennen, in den ärztlichen Kliniken und Spitälern, Spinnereien, Maschinenfabriken, Brauereien u. s. w. plötzlich erwürgt, theils (durch Uebersteuerung, Ueberarbeitung, Ueberreizung und Hunger ꝛc., in Kasernen, Zuchthäusern, Arbeitshäusern, Schulhäusern, Bureaus, Manufakturen, Bordellen, Kneipen u. s. w.) allmälig verbluten läßt. Wie sollte die heutige Gesellschaft zu Gewissensbissen kommen? Diese Welt ist ja „die beste der Welten"!

Die alten Griechen stellten sich die höchste Seligkeit der olympischen Götter als ein Genießen ohne Arbeit, die tiefste Verdammniß als eine Anstrengung ohne Erfolg vor. Ihr Himmel und ihre Hölle waren nur die idealisirte Wirklichkeit: Der Zustand des Sklaven war die Höllenpein, der des edlen Herrn war der Himmel. Ganz so hat sich die bürgerliche Gesellschaft, die Gesellschaft der kapitalistischen Ausbeutung, in Ermangelung von Himmel und Hölle ihren Staat ausgebaut, den Staat der Ausbeutung — — — — — — — — — — — — — —

Wie sollte der heutige Staat bei diesem fanatischen Kultus der Ausbeutung dazu kommen, die von der Arbeiterpartei zur allmäligen Abschaffung dieser Ausbeutung vorgeschlagenen Maßregeln anzuwenden? Eher möchte ein wirklicher Wolf Appetit nach Rüben oder Kartoffeln verspüren.

Wir sehen somit schon bei einer ganz allgemeinen Betrachtung, daß der heutige, auf Ungleichheit und Ausbeutung begründete Staat innerlich unfähig ist, den großen, von uns geforderten Schritt zu thun, welcher wenigstens anfangen würde, an Stelle der Ausbeutung die Gleichheit und Brüderlichkeit zu setzen. Es ist kaum nöthig, dasselbe auch an Einzelheiten nachzuweisen. Wie könnte der Richter, der im „Namen des Königs" zu urtheilen gewohnt und die Ungleichheit zu verewigen beordert ist, je ein Verständniß für die in einer echten Genossenschaft herrschende republikanische Gleichheit haben? Wie könnte je ein Beamter, der, wie unsere Beamten alle, zu regieren gewohnt und einstudiert ist, die Selbstregierung, dieses erste und unbedingte Erforderniß einer erfolgreich vom Staat zu unterstützenden Genossenschaft, sich gefallen lassen? Wie wäre mit der Selbständigkeit der Genossenschafter ein stehendes Heer und die Aussicht, jeden Tag einberufen zu werden, verträglich? Wie wäre es denkbar, daß man den Produktiv-Genossenschaften Gelder kreditirte, ohne sie dafür zur Dankbarkeit gegen den „Geber aller guten Gaben", den „Landesherrn" oder das „Parlament" zu verpflichten, als ob das Geld nicht aus des Volkes, sondern aus der Bevorrechteten Tasche kommen würde? Es wäre das ein Widerspruch in sich selbst, und darum müssen wir die Eingangs aufgeworfene Frage entschieden verneinen, und vielmehr festhalten,

daß Staatshilfe in der Weise, wie sie die Arbeiter zu fordern berechtigt sind, und wie sie allein Nutzen schaffen würde niemals in einer Monarchie oder in einer korrumpirten bürgerlichen, d. h. Klassenherrschafts-Republik zu erwarten und anzunehmen ist, sondern nur in einer Republik, welche das Wohl der großen Masse des Volkes zum Ziele hat, d. h. in der sozial-demokratischen Republik.

7.

Erklärung.

Aus dem „Demokratischen Wochenblatt", 1869.

(Siehe Seite 200.)

Im gegnerischen, mehr oder weniger von der Bismarck-Bucher'schen Politik beeinflußten Lager zerbricht man sich den Kopf, was es mit dem von unserem politischen Freunde Bebel auf dem Eisenacher Arbeiterkongresse angeblich so genannten Revolutionsfonds auf sich habe. Die im Solde Bismarck's stehende Presse, wie die „Norddeutsche Allgemeine Zeitung", der „Sozialdemokrat" und andere Blätter dieser Art, verdächtigen und verleumden lustig darauf los, wie das nun einmal ihre Art ist, die nationalliberale Presse druckt das mit pharisäischem Achselzucken gleichfalls nach ihrer Art pflichttreu nach und — die ferner stehenden ehrlichen Leute gerathen in Verwirrung. So sucht man wenigstens vorübergehend den unbequemen und gefährlichen Gegner zu meucheln — eine wahre Banditen-Politik! Doch zu verwundern ist es nicht, daß es bereits Personen, Parteien und Koterien giebt so heruntergekommener und verkommener Art, daß sie unfähig geworden sind, sich einen ehrlichen prinzipientreuen Charakter auch nur vorstellen zu können. Man fahre nur in so schnöder demoralisirender Weise fort und der revolutionäre Zorn des sittlich-sozialen Volksbewußtseins wird doch endlich in diesem Vermoberungsprozeß zur rächenden und rettenden Läuterungsflamme aufschlagen und in einer neuen republikanisch-sozialistischen Staatsform seine endliche Befreiung und Einigung suchen und finden.

Dies etwa wäre meine republikanische Antwort auf jene monarchischen Verdächtigungen und Verleumdungen, wenn — es nicht noch harmlose Leute gäbe, welche der Beachtung und einer etwas weiteren Aufklärung werth und bedürftig sind. Diesen diene zur Nachricht, daß jener sogenannte Revolutions- oder deutsch-patriotische Fonds unter Mitwirkung und Betheiligung der namhaftesten demokratischen Flüchtlinge in Amerika zusammengebracht wurde zur Zeit, als die hereingebrochene Reaktion noch ihre Orgien im gesammten Vaterlande feierte, d. i. in den Jahren 1851 und 1852. Ueberall in Teutschland — sogar in Berlin und Wien — giebt es noch Männer, welche diese Bemühungen um den nervus rerum eines fortgesetzten Widerstandes gegen die reaktionären Fluthen kennen — freilich auch solche, welche heute verleugnen, was sie damals als ernste patriotische Pflicht erkannten. Warum dieser Fonds nicht zur Verwendung kam, sondern für bessere Zeiten sicher angelegt wurde, wird Jeder begreifen, der die Geschichte und deren Entwicklungsphasen kennt und zu fassen vermag, wie auch jeder ehrliche Mensch einsieht, daß man Gelder, welche statutenmäßig für allgemein patriotische Zwecke bestimmt sind, nicht für Privatunterstützungen verwenden durfte, so nothwendig und national-ehrenvoll dieselben sein mochten. War es doch auch ausdrücklicher Beschluß der Garanten, aus der Nationalanleihe kein Geld für dergleichen Privatunterstützungen zu verwenden.

Wie nun dieser Fonds statutenmäßig in andere Hände übergegangen und wie der Unterzeichnete in die Lage gekommen ist, dem neuerwachenden republikanisch-sozialen Geiste im deutschen Volke Agitationsmittel daraus zu überweisen, wird Niemand näher von mir zu erfahren wünschen, der nicht etwa ein besonderes Interesse daran hat, Personen und Sache zu gefährden; an das Geld selbst freilich vermag der nicht zu kommen, welcher es sonst nimmt, wo er es findet. Dies würde eben nicht zu finden sein. Desto eher wäre es möglich, und ist selbst befreundeten Schweizern besonders in Folge der Denunziationen der „Norddeutschen Allgemeinen Zeitung" eingefallen, daß Herr v. Bismarck eines Tages beim eidgenössischen Bundesrath Beschwerde führen möchte, um eine Ausweisung à la Mazzini herbeizuführen. Freilich wäre es urkomisch und lächerlich, wenn der großmächtige Kanzler des Norddeutschen Bundes und künftige Vizekaiser des Reiches deutscher Nation in der republikanischen Schweiz Verfolgungen anzettelte dafür, daß republikanisch-deutsche Männer mit Geldmitteln Agitationen unterstützen, welche in Teutschland, den

reaktionärsten Gesetzen und allen möglichen polizeilichen Maß-
regelungen angepaßt, offen vor aller Welt betrieben werden. Aber
vom Erhabenen zum Lächerlichen ist ja nur ein Schritt.

Was endlich die gemeine Insinuation betrifft, als könnte das
Geld von den Welfen — dem „Hietzinger Hof" — herrühren, so
ekelt mich eine so grenzenlos dumme und doch boshafte Verleumdung so gründlich an, daß ich nur mit großer Selbst-
verleugnung darauf zu antworten vermag. Die Verleumdung ist
dumm und boshaft zugleich, weil jeder nur halbweg politisch
Unterrichtete weiß oder wissen kann, daß ich um meiner, zu jeder
Zeit offen und unverhohlen bekannten republikanischen Grundsätze
willen nicht nur sechs Jahre im Gefängniß und Zuchthaus ge-
litten, sondern auch aus dem Vaterlande habe weichen müssen,
um mein Brod in der Fremde zu verdienen. Es würde mir
außerdem leicht sein, eine Reihe von Beweisen aufzuführen und
beizubringen dafür, daß ich jede Art von welfischen oder anderen
monarchischen volks- und vaterlandsverrätherischen Wühlereien
ebenso sehr verachte und verabscheue, als ich die Bismarck-
Bucher'schen Bestrebungen, auf Kosten des großen Gesammtvater-
landes und der Freiheit des Volkes die Hohenzollern'sche Haus-
macht zu vermehren, hasse und bekämpfe, wo ich kann. Auf
meine Veranlassung geschah es u. A., daß der hiesige republikanisch-
deutsche Verein in einer Korrespondenz, Zürich, den 26. Januar
1868, die vaterlandsverrätherischen und seelenverkäuferischen Umtriebe der Welfen und deren Anhänger im ersten Entstehen an die
Oeffentlichkeit brachte. Nicht minder haben wir durch Wort und
Schrift vom Verein aus jede Berührung mit und jede Beziehung
zu dergleichen monarchischen Parteigängern mit einer Entschiedenheit und Rücksichtslosigkeit abgewiesen und bekämpft, daß selbst
befreundete Männer uns zu großer Schroffheit ziehen. — Doch
wozu noch ein Wort verlieren Leuten gegenüber, die dies Alles
recht gut wissen, es aber nicht wissen wollen.

Unsere Erklärung fassen wir einfach dahin zusammen, daß
wir die politisch-soziale Agitation der neu begründeten sozialdemokratischen Partei Deutschlands mit Geldmitteln unterstützten
und ferner unterstützen werden, die aus ungetrübter republikanischer
Quelle fließen und ferner fließen werden, und daß unser ge-
schätzter Freund Bebel ermächtigt war, dies auf dem Eisenacher
Arbeiterkongreß den niederträchtig verleumberischen Verdächtigungen
der cäsarischen Sozialisten gegenüber zu erklären. Es wird sich
nun zeigen, welcher Theil der Presse noch etwas auf Unparteilichkeit und Wahrheit giebt und welcher nur noch mit Lügen und
Verleumbungen den Gegner zu bekämpfen vermag. Es wird diese
Erklärung zu dem Behufe nicht nur den uns befreundeten, sondern
auch den gegnerischen Blättern zugesandt, vor allen den Bismarck-

ſchen offiziellen und offiziöſen Organen, der „Norbdeutſchen All=
gemeinen Zeitung", dem „Sozialdemokrat", der „Neuen Preußiſchen
Zeitung" u. ſ. w.

Zürich, 22. Auguſt 1869.

Dr. Aug. Ladendorf.

∗   ∗   ∗

Als Nachtrag hierzu

und um den Verleumbungen, von denen die Feinde der Volks=
ſache nach altem Jeſuitenbrauch hoffen, daß davon an den offenen
und ehrlichen Kämpfern für Freiheit, Wahrheit und Recht etwas
hängen bleibe, ein für allemal die Spitze abzubrechen, muß ich
als einer der Nächſtbetheiligten noch einige genauere Aufſchlüſſe
geben. Vor dem napoleoniſchen Staatsſtreiche im Jahre 1851,
wo Mazzini ein italieniſches Nationalanlehen und Koſſuth ein
ungariſches zu bewerkſtelligen ſuchten, und wo man bei der Fort=
bauer der franzöſiſchen Republik auf eine erfolgreiche republi=
kaniſche Propaganda in Deutſchland zu zählen berechtigt war,
haben auch deutſche, in London lebende Flüchtlinge, darunter
Kinkel, Willich, Sigel, Schurz, Schimmelpfennig, Tauſenau und
ich, ſich entſchloſſen, das Zuſtandekommen eines deutſchen National=
anlehens bei der zahlreichen, Millionen betragenden deutſchen
Bevölkerung Nordamerikas zu verſuchen, und wurde zu dieſem
Zwecke in die deutſch=amerikaniſchen Zeitungen unter Angabe der
Adreſſe Kinkel's, der, Dank der für ihn in Deutſchland ge=
ſammelten 40 000 fl., einen feſten Wohnſitz in London haben
konnte, geſchrieben. In Folge deſſen ſind bald darauf von New=
Orleans unter Kinkel's Adreſſe an Kinkel, Sigel, Willich,
Schimmelpfennig und mich 800 Dollar mit dem Erſuchen geſandt
worden, damit nach Amerika zu reiſen und perſönlich nach
amerikaniſchem Gebrauche in öffentlichen Verſammlungen für das
Anlehen zu agitiren. Kinkel iſt raſch allein im Oktober 1851
abgereiſt und haben dann die deutſchen Flüchtlinge mich in einer
zahlreichen Verſammlung am Weihnachtsfeiertage 1851 einſtimmig
erwählt, um trotz des inzwiſchen erfolgten franzöſiſchen Staats=
ſtreichs, oder vielmehr wegen deſſelben in Amerika nachhaltig
wirkende permanente Revolutions= oder Volksvereine mit einem
Zentralausſchuß für fortbauernde Vermehrung des Anlehens oder
Revolutionsfonds zu gründen. Ich unternahm die Reiſe ver=
mittelſt perſönlicher Anlehen, welche ich nach und nach aus meinem
Verdienſte, und zwar den Reſt erſt vor drei Jahren abzahlte, und
hatte das Glück, während einer achtmonatlichen, anſtrengenden
Agitationsreiſe über 100 ſolcher Vereine zu gründen, welche wie
ihr auf einem Kongreß erwählter und in Philadelphia reſidirender

Zentralausschuß mich zu ihrem Repräsentanten in Europa er=
wählten und mich bevollmächtigten, das von Kinkel in Amerika
gesammelte Geld in Empfang zu nehmen und dasselbe nebst dem
aus den neu gegründeten Vereinen fortwährend zufließenden Fonds
von einem, von deutschen Flüchtlingen in London gewählten Komité
verwalten zu lassen.

Laut einem mir vorliegenden Vertrage vom 11. August 1852,
außer von mir und Kinkel auch von Aug. Willich unterzeichnet,
verpflichtete sich Kinkel, nach Abzug seiner Reise= und anderer
Kosten, die von ihm erhobenen und in der London Joint Stock=
bank deponirten Fonds dem besagten Komité zur Verwaltung zu
übergeben, sofern der auf den 15. September 1852 nach Wheeling
in Amerika ausgeschriebene Kongreß von Delegirten der von mir
gegründeten Vereine die Garantie des Anlehens übernimmt und
die früher ernannten Garanten in der Majorität dem deutsch=
amerikanischen Revolutionsbunde beitreten. Nach Erfüllung dieser
Bedingungen hat Kinkel erst 1866, nachdem er in Folge seiner
öffentlich ausgesprochenen Sympathien für die Bismarck'sche
Politik von mir und anderen, der Republik treu gebliebenen
Freunden, sowie von einem Theile der deutsch-amerikanischen
Presse hart bedrängt worden, einem Komité die Gelder übergeben.
Dieses Komité hat einer größeren Anzahl von Garanten Rechen=
schaft über die Verwaltung abzulegen und darf, wie schon Laden=
dorf bemerkt hat, statutengemäß und unter keiner Bedingung an
Personen Privathilfe leisten, sondern nur die sozialdemokratische
Presse und Vereinsgründungen und Kongresse im Interesse der
Emanzipation der Arbeiter und der Herbeiführung der deutschen
Republik unterstützen. So wurde von besagtem Fonds, wie all=
bekannt, der „Zukunft" in Berlin, dem „Demokratischen Wochen=
blatt" in Leipzig, der „Volksstimme" in Wien, dem „Vorboten"
und „Felleisen" in Genf und den „Vereinigten Staaten von
Europa" unter die Arme gegriffen.

Dies in Kürze der rückhaltlos gegebene, wahrheitsgetreue Sach=
verhalt. Ich schließe mit der dringenden Bitte an die deutschen
Sozialdemokraten diesseits und jenseits des Ozeans, den be=
sprochenen deutsch=republikanischen Fonds, wie bisher, fortwährend
mit ihren Spenden zu unterstützen, damit er tagtäglich kräftiger
seine patriotische Wirksamkeit entfalten kann.

Genf, 27. August 1869.

Amand Goegg.

8.

Proklamation des Generalraths der Internationalen Arbeiter-Assoziation.

Aus dem „Volksstaat" 1870.

(Siehe Seite 283.)

Bei Gelegenheit des letzten vorgeblichen Komplotts hat die französische Regierung nicht allein viele Mitglieder unserer Pariser und Lyoner Sektionen arretirt, sondern auch in ihren Organen behauptet, daß die Internationale Arbeiter-Assoziation eine Verbündete des vorgeblichen Komplotts sei.

Nach dem Wortlaut unserer Statuten ist es freilich die spezielle Aufgabe aller unserer Branchen (Zweige) in England, auf dem Kontinent und in den Vereinigten Staaten, nicht allein als Mittelpunkt für die Organisation der Arbeiterklasse zu dienen, sondern auch alle politischen Bewegungen, welche unser Endziel, die ökonomische Emanzipation der Arbeiterklasse zu verwirklichen streben, in ihren verschiedenen Ländern zu unterstützen. Allein gleichzeitig verpflichten unsere Statuten alle Sektionen unserer Assoziation, öffentlich zu handeln. Wären die Statuten über diesen Punkt nicht klar, so würde dennoch das Wesen einer Assoziation, die sich mit der Arbeiterklasse selbst identifizirt, jede Möglichkeit der Form geheimer Gesellschaften ausschließen. Wenn die Arbeiterklassen konspiriren, die die große Masse jeder Nation bilden, die allen Reichthum erzeugen und in deren Namen selbst die usurpirenden*) Gewalten vorgeblich regieren, so konspiriren sie öffentlich, wie die Sonne gegen die Finsterniß konspirirt, in dem vollen Bewußtsein, daß außerhalb ihres Bereichs keine legitime**) Macht besteht. Wenn die andern Umstände des Komplotts, welches die französische Regierung denunzirt, ebenso falsch und unbegründet sind, als ihre Insinuation gegen die Internationale Arbeiter-Assoziation, so wird dieses letzte Komplott seinen zwei Vorgängern — grotesken Andenkens — würdig zur Seite stehen. Die lärmenden Gewaltmaßregeln gegen unsere französischen Sektionen sind ausschließlich berechnet, einem einzigen Zwecke zu dienen — der Manipulation des Plebiszits.

Im Auftrage des Generalraths der Internationalen Arbeiter-Assoziation:

Robert Applegarth, Vorsitzender. Karl Marx, Sekretär für Teutschland. Eugen Dupont, Sekretär für Frankreich. A. Serraillier, Sekretär für Belgien. Hermann Jung,

*) sich die Gewalt anmaßen.
**) existenzberechtigte.

Sekretär für die Schweiz. G. Ajassa, Sekretär für Italien. J. Cohn, Sekretär für Dänemark. A. Zabicki, Sekretär für Polen. — G. Harris, B. Lucraft, Ph. Mothershead, Finanz-Ausschuß. — Giovanni Bora. John Hales. William Hales. Friedrich Leßner. George Milner. Charles Murray. Rühl. William Townshend. John Weston, Johann Georg Eccarius, General-Sekretär.
256 High Holborn London W. C., den 3. Mai 1870.

9.

Zur Tagesfrage.

Aus dem „Vorbote" 1870.

(Siehe Seite 349.)

Die großen Diebe läßt man nicht bloß laufen, sondern man bringt sie in das herrlichste aller Lustschlösser nach Wilhelmshöhe zu kaiserlich prunkhafter Bewirthung; dagegen hängt man nicht bloß die kleinen Diebe, sondern, und zwar mit heißester Vorliebe, auch die ehrlichsten Leute. Gerade diese holt man jetzt auf bloßen Befehl eines Oberhenkerknechts aus ihren Wohnungen und führt sie in Eisen gekettet in ein fernes Hundeloch. Ja, auf Befehl des Generals Vogel von Falckenstein wurden die Mitglieder des Ausschusses der sozialdemokratischen Arbeiterpartei verhaftet und ihre Papiere und Verwaltungsbücher mit Beschlag belegt. Und warum? Weil diese menschlich fühlenden Männer so naiv politisch und so großmüthig national waren, öffentlich ihrer Partei zuzumuthen, mit aller Kraft darauf hinzuwirken, damit der Vertheidigungskrieg nicht in einen Eroberungskrieg umschlage und ein brüderliches Zusammengehen der Deutschen und Franzosen in den Werken des Friedens und der Zivilisation nicht länger gehemmt werde. Welches Verbrechen! Nun, ihre humane Behandlung wurde gerade durch die bestialische Verfolgung gründlich gerechtfertigt. Die Heldenthat des Herrn von Falckenstein registriren wir mit der Note: „wie der Herr so der Knecht". Denn wenn die Geschichte Frankreichs als Weltgericht ihr Verdammungsurtheil über die Napoleonsstreiche gesprochen, wird die Geschichte Deutschlands nie die Hohenzollerei vergessen, nicht vergessen, daß der gottselige Wilhelm 1848 in Berlin der Kartätschenprinz und 1849 in Baden der Oberblutrichter war.

Indessen sieht es noch sehr sonderbarlich aus in der Welt; denn nach Allem, was man jetzt mit Augen und Ohren wahrnehmen kann, stellen sich im Allgemeinen die Menschen noch nicht die Dinge vor, wie dieselben sind, sondern wie sie solchen nach ihren Gefühlen, geistigen und leiblichen Bedürfnissen eine Wesenheit anwünschen. Wahrhaft gedankenlos muthen sie Thatsachen eine Logik und Wirkung zu, die deren Ursprung total fremd sind und völlig außerhalb deren Natur und somit fern jeden Einflusses derselben liegen. Es sind eben die anerlogenen und anerzogenen Anschauungen, die alten festgefahrenen und liebgewordenen falschen Vorstellungen — kurz die Gewohnheitskamisole überlieferter, sich von Generation zu Generation, leider nur in allmäliger Ab= schwächung ererbender Vorurtheile, die der allgemeinen Erkenntniß und dem gemeinsamen Verständnisse im Wege sind und so die Geschichte immer noch am babylonischen Thurmbau festhalten. Nur die Erfahrungswissenschaften werden die Kultur aus dem Luftreiche der Phantasie auf den festen Boden der Wirklichkeit bringen zur fruchtbaren Bebauung.

Gehen wir nun den Dingen, betreffs unserer Frage, soweit wir es verstehen, auf den Grund. Die heutigen Staaten sind nationale Gewalts= und insoweit Rechtsstaaten, als das Recht der Gewalt entspringt und ein Gnadengeschenk derselben ist. Mit der Schaffung der Gewalt ist die Unterdrückung Hand in Hand gegangen und ist ein Gewalt=, d. h. Militärstaat nicht ohne Despotismus denkbar. Deshalb ist in demselben nicht der Frieden, sondern der Krieg allein eine förmliche Institution, der Frieden nur aus Machtsgnade geduldet, die passive Seite des Krieges selbst. Vom Gewaltsstaat Anderes verlangen, als was in der Logik seines Wesens liegt, heißt zu „Gott" beten. Wie dies Alles so bleiben wird, so lange soziale und politische Ungerechtigkeiten nach Innen und Außen mit Eisengewalt zu schützen, privater und offizieller Lug und Trug im Mantel der Religion zu verhüllen sind, ja, so lange die Vernunft und Gerechtigkeit nicht unter den Menschen und unter den Völkern, deren Lebensinteressen egalisirend und identifizirend, die Herrschaft erlangt haben, haben wir schon in unserer Julinummer auseinander zu setzen versucht. Wir wollen nur noch fortfahren, die Widersprüche, in welche sich die moderne Geschichte thatsächlich verwickelt, etwas mehr zu kennzeichnen. Doch welcher halbwegs beobachtender Mensch sollte nicht wahrnehmen, wie bis jetzt die Gewalt und das Recht, das Soldatenthum und das Bürgerthum, der Krieg und der Frieden, die Barbarei und die Zivilisation, die Destruktion und die Produktion, die Wohlfahrt und das Elend sich einander gegenüberstehen und zwar von einer Weihwedelgarde umgeben, die stets bereit ist, solche Ordnung der Dinge als göttliche Einrichtung zu preisen und zu segnen. In solchen Zuständen ist die politische, ökonomische und philosophische Speku= lation, die Romantik und Abenteuerei noch fest im Sattel, sind die Staatsstreiche und Kirchenspiegelfechtereien noch warm auf dem Sessel, können sich Diplomatenpfiffe und Jesuitenkniffe ver= gnüglich die Hände reiben. Darum giebt es da auch ein politisches, religiöses und juridisches Priesterthum — Staats=, Kirchen= und Rechtspfaffen. Wie der Kirchenpfaffe den Herrgott, so gebraucht der Staatspfaffe das Vaterland und der Rechtspfaffe das Eigenthum als Bezirkspiegel und Herrschmittel. Kaum ist ein Menschenkind geboren, so kommt die Staats= und Kirchenpolizei, um es „Laß dem Kaiser, was dem Kaiser, und dem Gotte, was dem Gotte ist" in Leib und Seele theilend, für das Erden= und Himmelreich zugleich mit Beschlag zu belegen, einen Deutschen oder Franzosen, Spanier oder Russen, Christen oder Juden, Muhamedaner oder Buddhisten aus ihm zu machen, um beileibe nicht einen Menschen aus ihm werden zu lassen. Da wundere man sich noch über die herrschenden Begriffsverwirrungen, Abneigungen, Unduldsamkeiten und Anfeindungen, und namentlich über die dermalige Konfusion bei Beurtheilung der Kriegsereignisse in Ursachen und Wirkungen! Im Nationalkultus wird der nationale Stolz und Uebermuth und der Rassenhaß, im Religionskultus wird der von Gott Auserwähltseins=Dünkel und der Nebenmenschenhaß, und im Eigenthumskultus die Hochmuthsnarrheit und die Verächtlichung des Arbeitervolks großgezogen und damit zu Klassen=, Rassen= und Religionsparteikämpfen, Bürger= und Völkerkriegen Oel ins Feuer gegossen. Da hat dann der Staatspfaffe für die Nationalflamme den Heldenruhm, die Waffenehre, den Vaterlandsglanz und einen ganzen Schock anderer romantischer Siebensachen als Lockspeise und das Henkerbeil und Kerkerloch als Schreckmittel; da kommt der Kirchenpfaffe, um die Religionsflamme weiter anzuschüren, die himmlische Glückseligkeit feilzubieten und die Ungläubigkeit mit Fegfeuer und Hölle zu bedrohen; ja, da kommt der Eigenthumspfaffe mit der Geldschaufel und dem „Tischlein deck dich", um in den Herzen aller Glückskinder die Erhaschgluth noch mehr anzuzünden und zugleich als Rechtspfaffe dem Arbeitervolke Sand in die Augen zu streuen. Wie im christlichen Religionskultus — — — — — — -- — so ist im Nationalkultus die Vaterlandsfahne und im Rechts= und Eigenthumskultus der Besitztitel (jedenfalls das wenigst Phantastische und Illusorische) das „Hochwürdige" und „Allerheiligste". Warum sollten da nicht im Namen — — — — des Vaterlandes die abscheulichsten Verbrechen begangen und die Gottheiten der — — — nationalen Liebe mit den Opfern des Feuers und Schwertes labungsvoll gesättigt werden? Jemehr die Dummheit und Rohheit aus Religions= und Vaterlandsliebe Barbarei ausübt, desto höher und glanzvoller winkt der Ehrenpreis und desto prunkvoller werden in Kirche und Staat die Siegesfeste (Travestien auf den eigentlichen Kulturzweck) gefeiert. Eine Nation, die das stärkste und bissigste Bulldoggenthum erzogen und dressirt, an einem eisengeharnischten Kollektivwehrkörper das würglüsternste Krokodil loszulassen hat, ist, ob aller hochgepriesenen Zivilisation des 19. Jahrhunderts, ohne Weiteres berufen, der Welt Gesetze vorzuschreiben. So wird das Laster der Würgboldsnatur im Menschen, statt durch Erziehung gezähmt und erstickt, gepflegt und gehätschelt und zur großen nationalen Tugend gemacht, wird dem Schmählichen, Schändlichen und Schimpflichen der Stempel des Ehrenhaften und Ruhmwürdigen aufgedrückt. So ist die moderne Zeit noch schwer von mittelalterlichem Troß beladen, noch arg von traditionellem Wahnwitz befangen und schürzte sich in ihr mit dem Durch- und Ineinandergewebe althergebrachter und neugestalteter Einrichtungen einen viel verwickelteren, als den kordischen Knoten, der aber auch nicht mit der Schneide des Schwertes durchhauen, sondern nur mit der Schärfe des Geistes und sittlichen Schwungkraft auseinandergesetzt werden kann. (Damit soll aber keineswegs gesagt sein, daß nicht jedes, durch intellektuelle Kraft unbesiegtes Hinderniß schließlich auch mit denselben Kampfmitteln beseitigt werden soll, mit welchen es noch weiteren Widerstand zu leisten sucht, und daß es nicht auch schon in der Zwischenzeit durch die Verblendung der herrschenden Klasse zu gewaltsamen Katastrophen kommen könne.) Weil die sogenannte gebildete und dominirende Klasse sich durch die Zustände, so abscheulich und bürgschaftslos sie sind, in ihren materiellen Interessen bevortheilt und befriedigt und in deren heillosen Unordnung die herrlichste, nach Gottes Willen und Naturgesetzen geschaffene Ordnung findet, so betrachtet sie Alles, was gründlich dagegen geschieht, als hirngespinstig, ist sie für jedes Verständniß unempfänglich und zu einer vernunftgemäßen Umgestaltung der Dinge gänzlich unfähig. Ja sie stürzt sich gerade über Hals und Kopf in die Gefahr, der sie mit großer Anstrengung ausweichen will. Da hingegen die Interessen der Arbeiterklasse mit jenen der Gesammtgesellschaft, Gerechtigkeit und Menschlichkeit in Uebereinstimmmung sind, so kann auch nur sie allein die Kraft der Regeneration der Geschichte in sich tragen, und werden ihre Opfer für das hohe sittliche Ziel nicht vergeblich sein. Schon haben die sozialökonomischen Thatsachen die Gesellschaft aller Kulturländer in zwei Lager getheilt, wo in dem einen die Bourgeoisie die alten Zustände wesentlich zu vertheidigen und wo in dem andern das Proletariat eine radikale Umgestaltung der Zustände zu erkämpfen trachtet. Die Bourgeoisie hat die Geldmacht und Staatsgewalt, größere Kenntnisse und mehr Routine im Mechanismus des hergebrachten öffentlichen und privaten Geschäftslebens; das Proletariat steht mit leeren Händen da, ist aber stark durch seine Zahl, die Einheit seiner Interessen, den unabläffig wuchtigen Drang, sich aus einer verzweifelten Lage heraus in eine menschenwürdige hinein zu winden, und namentlich die, durch das allgemein gerechte Ziel versittlichte Kraft. Freilich hat sich das, in den hergebrachten Zuständen aufgewachsene Proletariat noch von vielen, ihm von den herrschenden gesellschaft-

lichen und staatlichen Elementen, zum Theil mit Vorbedacht, an=
erzogenen Vorurtheilen und Gewohnheiten zu emanzipiren. Ja,
es ist diese Emanzipation geradezu seine nächste Aufgabe. Da
man sich in beiden Lagern von Grund aus gegensätzlich einander
gegenübersteht, so übt man in beiden Lagern sozusagen einen ganz
verschiedenen Sprachgebrauch und ist das Proletariat eben im
guten Zuge, sich, originell wie sein Geschichtsgang, eine seinen
Prinzipien und seiner Moral entsprechende Terminologie anzueignen
und der Bourgeoisie die nationaldusclige, religionsschwangere und
rechtstrunkene Phraseologie allein zu überlassen. Muß doch mit
der Losreißung von der ausgebrauchten Sache auch die Losschälung
der abgenutzten Redensart vor sich gehen. Man kann in der
Regel darauf zählen, daß, wo das Letztere nicht geschehen ist,
auch das Erstere nicht stattgefunden hat. Leider kann man jetzt
noch allzu häufig wahrnehmen, daß man in Kundgebungen aus
Arbeiterkreisen weder in Form noch Inhalt strikt den Geist
sozialistischer Grundsätze befolgt und sich nicht klar bewußt ist,
daß der Sozialismus den Nationalismus insoweit ausschließt, als
man nur in Muttersprachen, weil diese für die Volksmasse das
alleinige Verständigungsmittel sind und bleiben werden, Ab=
grenzungen innerer Leb= und Strebweise anerkannt, und endlich,
daß eine nationale Sozialrevolution und nationale Sozialrepublik
ein Unsinn und Unding ist. Man ist noch, selbst in den
avancirtesten Kreisen, zuviel an die herkömmlichen Lebens=
auffassungen und Weltanschauungen gewöhnt, bildet sich noch
allzugerne, dem patriarchalischen Prinzip gemäß, für alles vor=
gestellte Gute und Böse, das geschieht, lebendige Herrgötter und
Teufel, Götzen und Sündenböcke, glaubt zu oft in den heutigen
Nationen selbständige Gemeinkörper zu sehen, während die große
Masse aus gehorsamen Schafen und die Minderheit aus deren
gebieterischen Hirten besteht, ja man wähnt zu oft jetzt schon
Staatsorganismus vor sich zu haben, während es nur Staats=
mechanismus ist, den die Usurpatoren als ihre Glücksmühle nach
Belieben in Bewegung setzen; kurz man stellt sich noch viel zu
leichtfertig die Verhältnisse vor, wie sie sein sollen, aber nicht
sind und es auch nur durch Verwirklichen des Sozialismus
werden können.

Schauen wir nun, eingedenk obiger Betrachtungen, noch etwas
auf die sich jetzt vor unsern Augen vollziehenden Ereignisse,
in die aus ihnen hervorgegangene Lage und darinliegenden
Momenten.

Frankreich hatte also unter Napoleon III. an Teutschland
den Krieg erklärt. Derselbe war demnach für Frankreich ein
Angriffs= und Eroberungs= und für Teutschland ein Vertheidigungs=
krieg, schlug aber im Laufe des Kampfes für Frankreich in diesen,

und für Deutschland ebenso logisch in jenen um. Die Gewaltsstaaten können eben ihrem ganzen Wesen gemäß, sobald die Ver-
theidigungslinie einmal überschritten ist, nie einen Krieg führen
ohne Eroberungsziel, besonders wo sie durch geschichtliche Erinnerungen und nationale Ansprüche und „Anrechte" Vorwand
und Anregung dazu erhalten. Frankreich zog zwar 1859 für eine
„Idee" ins Feld, ließ sich aber schließlich diesen Liebesdienst mit
der Entgegennahme von zwei Provinzen und 60 Millionen Franken
bezahlen. Das Kriegsobjekt war also hier vornehmlich zwei
Landestheile, die man sich sogar nicht vom Gut des Feindes,
sondern von dem des Freundes und Alliirten angeeignet, und
geschah dies, ohne daß die französische „Nation" sich über diese
Einverleibung beklagt und gegen die „Verstümmelung" Italiens
protestirt hätte. Gegentheils wurde von ihr, wie der Nationalkultus es inbrünstig erheischt, diese „Wiedereroberung" „ehemaliger"
Provinzen mit allgemeinem Jubel begrüßt.

Im gegenwärtigen Krieg hat nun Deutschland durch unerlebt
gewaltige Schläge die französische Armee theils vernichtet und
theils sammt ihrem Kaiser gefangen genommen. Der Kampf
kostete aber auf beiden Seiten unerhörte Opfer an Blut und
Gut. Wer hat diese zunächst zu verantworten? Sicher der her-
ausfordernde, zum Krieg zwingende Theil. Nun, die französische
kaiserliche Regierung hat den Krieg auf Grund verletzter „National-
empfindlichkeit" beantragt, die Kammern haben ihn gutgeheißen
und die Nation hat ihn geschehen lassen. Der Krieg bringt aber
folgerichtig Sieg und Niederlage und nach der Religion der
Nationalen Ruhm und Ehre und Schimpf und Schande. Hat nun
eine Nation das Recht auf den Empfang des Preises des Siegs,
so hat sie auch die Pflicht zur Tragung der Buße der Niederlage.
War aber die „Nation" zur Verhinderung des Kriegs zu ohnmächtig,
so ertrug sie aus diesem Grund schon vorher eine so große Schmach,
daß sie durch den Mißerfolg des Kriegs garnicht größer werden
konnte, und demgemäß auch die „Ehre" eines etwaigen Erfolgs
nie in Anspruch nehmen dürfte. Wäre aber auch der Verlust
von Schlachten für die „Nation" selbst wirklich schimpflich, so
könnte ein aus der Logik der Lage entsprossener Frieden keineswegs den „Schimpf" vermehren, sondern müßte dabei ein „ehren-
voller" Friede als ein Gnadengeschenk des Siegers — als eine
wahre Ironie auf erlebte Niederlagen erscheinen. Will jedoch
jetzt die Nation unter den schwierigsten Umständen alle Verantwortlichkeit über das Vorgefallene auf sich nehmen, durch neue
Thaten einen „ehrenhaften" Frieden erkämpfen, so muß man
fragen, warum hat sie denn nicht mit dem hierzu nöthigen,
wahrlich kolossalen Kraftaufwand, rechtzeitig den Ausbruch des
Kriegs selbst verhindert? Wohl doch nur, weil die Armee noch

nicht vernichtet, das Staatsoberhaupt noch nicht gefangen, die Nation noch nicht in den Wiederbesitz ihrer Selbständigkeit gekommen, ihr die Republik noch nicht als Findelkind in den Schoß gefallen war. Und soll es nun nach den Dogmen der Nationalreligion auch „ehrenvoll" sein, der Dienstleistung des Feindes die Niederwerfung der eigenen Militärmacht, die Wegnahme des Beherrschers und die dadurch wiedergewonnene Freiheit verdanken zu müssen? Da dürfte jetzt wohl kein Volk besser als das französische einsehen, welche Bewandtniß es mit dem „Ruhm" und der „Ehre" in der systematisirten großen Menschenschlächterei und Gutsverwüstung hat, wie man zur Erlangung dieser „höheren Nationalgüter" lange vorher und, im Falle des Gelingens, nachher und zwar in vergrößertem Maße (was man jetzt genüglich in Teutschland verspüren wird) die Schmach des Militärdespotismus ertragen muß.

Alle Völker besitzen Muth und haben nacheinander die Glanz= epochen des Ruhms umsomehr genossen, jemehr sie sich dressur= fähig erwiesen — was sie aber stets Alles wieder durch verstärkte Unterdrückung büßen mußten.

Nur der Muth, der sich in Feuers=, Wassers= und anderen Gefahren zur Errettung von Menschenleben und wahrer Wohl= fahrtsgüter stürzt, macht sich der Ehre werth.

Ein Friede, der so beschaffen ist, wie er nicht anders aus der Gewalt der Umstände hervorzugehen vermag, kann nie ein schimpflicher sein.

Will die Republik den Krieg ernstlich fortsetzen, so muß sie eine ungewöhnlich starke Militärmacht gründen, womit sie die „Ehre" vielleicht retten, dagegen sicher die Freiheit einbüßen wird.

Es wäre aber ein entsetzliches Weltunglück, wenn der Republik, die wir so freudig begrüßten, die „Ehre" zutheil werden sollte, den unerhört blutigen, vom Kaiserreich verschuldeten Kampf nun gar zu einem wahren Rassenvertilgungskrieg anzufachen.

Man muß sich eben mit nüchternem Sinn in die Gewalt der Umstände fügen und mit der Romantik „sich lieber unter den Trümmern begraben" zu Ehren seines Verstandes gründlich brechen.

Von einem siegreichen Gewaltsstaat aber zu verlangen, er möge die errungene Beute ohne Weiteres fahren lassen, hieße gerade so, als wollte man einem Tiger zumuthen, das erhaschte Schaf zu verschmähen und statt dessen, einem Esel gleich, Haber= stroh zu fressen.

Sollen die Tiger keine Schafe und die Gewaltsstaaten keine Länder mehr verschlingen, so muß man sie umbringen.

Die Zeit zu Letzterm ist noch nicht da; aber sie wird unaus= bleiblich kommen.

———————

10.
Zur Lage.
Aus dem „Vorbote" 1870.

(Siehe Seite 360.)

Wie wurde durch den Gang der Ereignisse manch' schöne Illusion zerstört, manch' humane Erwartung vernichtet! Wie kann sich gegenüber unerbittlichen Thatsachen das 19. Jahrhundert noch länger mit der Höhe seiner Zivilisation spreizen, und wie vermag die öffentliche Meinung sich noch weiter als Großmacht zu brüsten? Ist nicht die Zivilisation eine Lüge und die Barbarei eine Wahrheit geworden? Leider ist Beides richtig. Und wo ist sie hingekommen „die Großmacht der öffentlichen Meinung", die so oft ihren Mund für die Humanität bewegt, aber gegen die Barbarei noch nie ihren Arm geregt? Werden aber die Menschen nur durch bittere Erfahrungen klug und ist die Geschichte die beste Lehrmeisterin der Völker, so dürfte es ihnen wohl heilsam sein, in der Blutschrift der heutigen Geschichte lesen zu können, daß die Barbarei nicht nur mit Vorliebe neben der Zivilisation großgezogen wird, sondern daß diese vorläufig noch wesentlich dazu dient, für jene die Gewaltsmittel zu produziren. Welcher halbwegs beobachtende Mensch sollte in den letzten vier Monaten nicht einsehen gelernt haben, daß in der modernen Zivilisation die Humanität mit der Bestialität so leicht und rasch die Rolle wechselt, wie der Rekrut das Bürgerkleid mit dem Soldatenrock. Aber dennoch wollen viele, selbst sonst gescheidte Leute nicht begreifen, daß der nationale Großstaat die Bedingungen des Machtstaats in sich einschließt, und daß der Machtstaat die Kriegsgerüstetheit zu seiner vornehmsten Institution und demgemäß die Barbarei zu einem ihn verherrlichenden System macht. Jawohl, Alles, was man jetzt mit Stolz „Zivilisation" zu nennen beliebt, wird noch nach Staatsmachtsbedarf mit dem Schwerte zurechtgehauen. Kann doch noch jeder konstitutionelle Machthaber über Krieg und Frieden gebieten, — — — — — und die Kanone immer und immer als letzte Staatsvernunft zur Geltung bringen. Und sind nicht alle weltliche Jubelfeiern und kirchliche Dankfeste für gelungene Menschenschlächtereien die reinste Ironie auf jede Gesittung und die „Religion der Liebe"? Und sind es nicht sogar gerade die sogenannten gebildeten Stände, die bei solchen Gelegenheiten ihre „Zivilisation" am geräuschvollsten ans Schaufenster stellen? Und sind es nicht überall die dominirenden und tonangebenden Klassen, welche die Unwissenheit und Rohheit der Massen verschulden, das Volk nur als Last- und Stimmvieh im Frieden gebrauchen und im Kriege als Kanonenfutter verwenden

laffen? Was kann es aber unter folchen Umftänden für eine Be=
wandniß mit der „Großmacht der öffentlichen Meinung" haben?
Und was bedeutet es, wenn der Spießbürger fagt: die öffentliche
Meinung (von der er mit der Kraft feines Geiftes fich als inte=
grirendes Bruchftück fühlt) ift immer ftark genug, allen fürftlichen
Uebermuth zu dämpfen und jeden politifchen Sturm zu be=
fchwören? Die öffentliche Meinung ift aber einftweilen noch
Nichts, wird aber einftens Alles fein; denn während fie der
Kollektivausfluß der aus der Wiffenfchaft hervorgegangenen Ver=
nünftigkeit und der mit diefer folgerichtig identifchen Gerechtigkeit
fein foll, ift fie jetzt nur der Ausdruck allgemein herrfchender Vor=
urtheile in gefchickter und oft fchlau berechneter Zufammenwebung
und Geltendmachung von Klaffen=, Partei= und Partikular=
intereffen, die fich jedoch bei dem erften Anftoße durchkreuzen,
gegenfeitig felbftfüchtig bekämpfen, oder doch mindeftens neutrali=
firen, dabei die naturgemäß ftets geringe Zahl der Ideologen
ifoliren — und fomit oft plötzlich die eben noch hochgepriefene
„Großmacht" impotent machen. Gedachte Ideologen find
eben die felbftbewußten und treuen Vertreter des ge=
fchichtlich revolutionären Zeitgedankens, die Doll=
metfcher des Bedürfniffes der Allgerechtigkeit und die
Anwälte der Lebensanfprüche der unterdrückten und
mißbrauchten Volksklaffe. Erft wenn diefe Klaffe zur all=
gemeineren theoretifchen Erkenntniß über die Ziele und prak=
tifcheren Verftändniffe der Mittel gekommen, fodann wird auch
bald die Zeit kommen, wo die öffentliche Meinung Alles —
d. h. die fittliche Kraft einzig und allein allmächtig ift.
Jetzt ift fie aber einer hyfterifchen Roulettefpielerin vergleichbar,
die je nach füßen oder bitteren Anwandlungen ihr Vertrauen alle
Minuten auf eine andere Farbe fetzt, und wenn fie Glück hat, es
der Weisheit ihrer Ahnungen zufchreibt, und wenn fie in ihren
Hoffnungen getäufcht ift, an der ganzen Welt verzweifelt. Wäre
die Einheit der Intereffen und bei dem befferen Wiffen und Ge=
wiffen auch der Muth und die Thatkraft vorhanden, fo würde
ficherlich nicht mehr im Namen der Ordnung die Freiheit ins
Gefängniß, im Namen der Moral die Gerechtigkeit aufs Schaffot,
im Namen der Religion die Wahrheit auf den Index kommen —
die öffentliche Meinung nicht mehr heute „Hofianna" und morgen
„Kreuziget ihn" rufen. Wie läuft da aber die „heilige Einfalt"
immer noch blindlings und die Erwerbfucht und Grundfatzlofigkeit
im Bewußtfein und inneren Vorbehalts, die Modefarbe tragend
und den Tagesgöttern Weihrauch ftreuend, mit. Die Mittel=
mäßigkeit, die immer und überall den großen Markt einnimmt,
zeigt fich ftets am empfänglichften und zudringlichften, wo die
Seichtheit und Oberflächlichkeit auf dem Katheder fitzt. Und wie
viele Menfchen giebt es außerdem, die das Vorurtheil haben,

vorurtheilsfrei zu sein, die man doch jeden Augenblick, die Einen auf politischen und religiösen, die Andern auf nationalen und sozialen, ja jeden derselben auf irgend einem Vorurtheil erwischen kann! Wie kann es auch selbst bei dem besten Willen anders sein, da Alle die Produkte der Umstände sind und an Jedem mehr oder weniger von den in seiner Zeit herrschenden Irrthümern hängen bleiben. Liegt doch der tiefe Beweggrund von allem Denken und Handeln, Thun und Lassen in dem Existenzkampfe aller Individuen, Klassen und Rassen, und in dem unveräußerlichen Beglückungstrieb aller Menschen. Wo sich aber die Interessen und Bedürfnisse solcher Art unterscheiden, durchkreuzen und zersetzen, so ist es wahrlich kein Wunder, wenn die ganze Genossenschaft einer in ruhigen Zeiten pomphaft aufgerichteten „öffentlichen Meinung" beim ersten Anstoße großer Ereignisse wirr durch- und auseinanderfährt, als wie wenn man mit einer Peitsche in einem gefüllten Hühnerhof umherschlägt. Bei unseren in Europa noch vorherrschend monarchisch-politischen, religiös-transzendenten, sozial-ökonomischen und national-partikularistischen und antagonistischen Zuständen und Anschauungen ist die „öffentliche Meinung" nur eine öffentliche Dirne, die sich offenen und weiten Herzens mit falschem Wangenroth, falschen Zähnen, Haaren, Brüsten, Hüften und Waden, stolz herausputzt und allen dringenden Bedürfnissen Befriedigung verspricht — bis ihr die Schicksalstücke die geborgten Reize vom Leibe reißt, daß blos ein Schattenriß — die nackte Wahrheit — übrig bleibt, und die enttäuschten Liebhaber knurrend und murrend davonlaufen — freilich nur, um sich bald wieder durch neue Kunstgriffe der Zauberdame in Versuchung führen zu lassen.

Wie viele Vorurtheile, Lieblingsideen, Steckenpferde sind noch wegzureiben, abzutreiben und zu Grunde zu reiten! Giebt es doch zahllose Vorurtheile, die nicht blos in Familien, Gemeinden, Provinzen und im Gesammtlande in ihrer Verschiedenartigkeit erblich sind, sondern dort durch mancherlei Feste versüßt und geheiligt werden.

Ohne Umgestaltung der Zustände wird aber nie die Herrschaft der Vorurtheile und demgemäß auch keine Gewaltherrschaft beseitigt werden. Wie aber aus dem Hexenkreis herauskommen, wenn die Verhältnisse in Anwesenheit des grassirenden Unsinns umgeschaffen werden sollen? Es ist deshalb unbedingt nothwendig, daß das initiative Geschichtselement, d. h. das Element, das die Initiative in der geschichtlichen Bewegung hat, sich vor allen Dingen innerlich selbst emanzipirt, rein an das Thatsächliche, von der Wissenschaft Festgestellte, unzweifelhaft Bewiesene hält. Das ist aber nicht so leicht, als es den Anschein hat, und es wird daher die

Kulturgeschichte noch langhin nicht Galopp reiten. Wir kennen einen akademisch gebildeten Mann, der nach allen Richtungen scharfe Logik übt, den Völkerkrieg gründlich verdammt, überhaupt die feste Ueberzeugung hat, kein Vorurtheil zu besitzen, den es aber, sobald die Rede aufs Duell kommt, sofort am Kragen packt. Trotz sehr zerhauenen Gesichts ist er noch jede Stunde bereit, sein Leben im Zweikampf zu wagen, aber es fehlt ihm der Muth, einer Marotte gebildeter Stände den Handschuh hinzuwerfen, d. h. den Duellunsinn zu bekämpfen. Wie hier im Kleinen, so ist auch im Großen das Phantom der „Ehre" die Ursache vielen Unglücks — das Hinderniß gesunder Entwicklung. Wir werden einmal den verschiedenen Arten von „Ehren", die mit der Vernunft und Gerechtigkeit nichts gemein haben, der alten Rüstkammer der „Gottesurtheile", dem überlieferten Nebelreiche angehören, ein besonderes Kapitel weihen. Inzwischen werden wir jedoch bei Besprechung der Zeitbegebenheiten auf all das oben Gesagte bezugnehmen.

∗   ∗   ∗

Noch wüthet der große Krieg und rast die offizielle Bestialität kettenlos. Deutsche und Franzosen erfüllen dabei als gehorsame Knechte ihre „Bürgerpflichten" — ohne daß von Menschenpflichten irgendwie die Rede sein kann. Schweben doch auch noch allenthalben die Menschenrechte im Reiche der Vorstellung und sind im Kriege überhaupt alle Moralgebote suspendirt. Ob man nun auf der einen oder der anderen Seite am ärgsten hauset oder ob man im Ganzen barbarischer verfährt, als es der Krieg erheischt, sind um so müßigere Fragen, als man gegenseitig auch mit der Schlangenzunge der Lüge und Verleumdung ficht und Niemand die Wahrheit zuverlässig erkennen kann. Geberden sich doch die kriegführenden Völker im Ehrenpunkt wie die Kinder, und machen die Besiegten zur Deckung ihrer Waffenehre gewissenlos ihre Führer rasch zu Verräthern. Zum Wüstthun im Kriege hat der Sieger, weil die Vormacht, auch das Vorrecht. Wer da zur Einschränkung des Maßes der Grausamkeit eine Sittlichkeits-skrupel-Linie zu ziehen sich bemüht, der pflästert nutzlos an den Wirkungen herum, statt den Ursachen der Barbarei — der Kriegs-institution — selbst an den Leib zu gehen. Auf diesen Punkt ihre ganze Kraft zu richten, sollten alle wahren Kulturfreunde sich vereinigen. Das Kriegswesen findet aber seine Grundlage im Nationalitätsprinzip — im Wahne, etwas Extraes und Apartes zu sein — und namentlich in der leider noch arg obwaltenden Rohheit und Blutdürstigkeit der Menschennatur. Eine Nation, die ihrem Kaiser oder König die Schuld des Krieges allein zuschieben will, schmäht am meisten sich selbst. Ein Volk, das durch irgend einen Umstand um seinen Fürstenthron, aber noch nicht zur rechte: Erkenntniß gekommen, richtet, wie wir es jetzt in Spanien sehen, wieder einen neuen auf. Indessen ist die Vorstellung von einer wesentlichen Rassenverschiedenheit der europäischen Völker eine Abgeschmacktheit. Sind schon alle Wesen, die Menschenantlitz tragen, als Brüder zu betrachten und zu behandeln, so sind sie besonders auf unserm Welttheil durch die Völkerwanderungen und andere große Ereignisse derart untereinander gemengt, verschwägert und verheirathet, daß alle zusammen in Vetterschaft und Gevatterschaft stehen und deshalb ein gegenseitiger Kampf, nicht blos ein Bürger-, sondern ein Bruderkrieg — ein Wühlen im eigenen Blute ist. Eine krankhafte Ueberhebung der germanischen Rasse wäre gerade so albern und unheilbringend, wie eine solche der romanischen Rasse. Kein Volk kann einzig die Kulturaufgaben lösen, sondern jedes nur nach Größe, Bildung, Temperament und Naturprodukten ein kleineres oder größeres Bruchstück liefern, und nur alle Völker zusammen können ein Ganzes vollbringen. Nur merke man sich, daß der Internationalismus stets Friede und Entwicklung und der Nationalismus immer nur Kriegsbereitschaft und Hemmung bedeutet.

Was nun die Staatsmänner der dritten französischen Republik betrifft, so kann man von ihnen sagen, daß sie mehr politische Metaphysik, als praktische Politik treiben, durch Extravaganzen mehr für illusorische als für reale Güter zu Verzweiflungskämpfen anregen und die Zukunft des ganzen Landes aufs Spiel setzen. Nach Begriffen und Gemeinzwecken kann aber nicht einmal ein Privatmann die Berechtigung haben, muthwillig und nutzlos sein Leben und Gut dem Verderben preiszugeben, weil er das, was er ist und besitzt, durch die Gesellschaft geworden ist und der Gesellschaft schuldet. Mit dem Einfluß und der Machtfülle wächst aber auch die Verantwortlichkeit des Menschen und ist daher der Staatsmann in dem Maße weniger berechtigt, nach sentimentaler Laune Gutsund Blutswerthe in die Schanze zu schlagen, als diese größer wie die eines Privatmannes sind. Alle Völker haben nicht blos das Recht auf alle Güter der Natur, Wissenschaft, Kunst und Gewerbfleiß der andern, sondern auch die solidarische Verpflichtung, über deren ungestörte Erzeugung und gerechte Verwendung zu wachen. Der Staatsmann muß untersuchen, ob der Werth des Streitobjekts im Verhältniß zu den zu dessen Erhaltung oder Erringung nöthigen Opfern steht und ob überhaupt Aussicht auf Erfolg vorhanden ist. Die Herren Gambetta und Komp. scheinen sich aber über ihre eigenen Kampfmittel und die Machtstellung des Feindes großen Illusionen hinzugeben. Es gilt vor Allem, an Freiheit zu retten, was zu retten ist, die Landestheile fahren nicht aus der Welt, und über die „Ehre" ihrer Erhaltung müssen erst vernünftigere Begriffe aufgestellt werden. Jedes besiegte Volk muß sich ins Unvermeidliche fügen und wurde in dieser Beziehung von der „Vorsehung" der Gewalt der Umstände noch keinem ein apartes Würstchen gebraten. Eine Nation, die 20 Jahre die Last und Schande des zweiten Kaiserreichs er- und geduldet, kann keine größere Schmach mehr erleben. Für uns Sozialdemokraten liegt die Frage überhaupt nicht so: ob diese oder jene Bevölkerung dem einen oder dem andern Gewaltsstaat, sondern sich selbst angehört. Jede Fürsten- und Klassenherrschaft ist ja eine Fremdherrschaft. — Herrschaft bleibt überhaupt immer Herrschaft, und findet jetzt das „Selbstbestimmungsrecht" der Völker nur Gnade, wo es den Herrschzielen in den Kram paßt. Aus den gleichen Zweckdienlichkeitsgründen, aus welchen Bismarck vermeidet, die Elsässer und Lothringer abstimmen zu lassen, ob deutsch oder französisch sein zu wollen, vermeidet Gambetta die Volksabstimmung über Krieg und Frieden. Wer ist der größere Rabulist? Im Besitze zahlreicher und zuverlässiger Berichte dürfen wir sagen: die jetzigen französischen Staatslenker sind eifrigst besorgt, die alte sozialökonomische Ordnung aufrecht zu erhalten, das eigentlich revolutionäre Element in den Hintergrund zu drängen und mit dem reaktionären, das jetzt als das republikanische par excellence gilt, die Republik zu retten wähnen — oder weil großentheils aus Monarchisten bestehend, den Rettungsanschein nehmen. Würde Frankreich, was zwar täglich zweifelhafter wird, den äußeren Feind besiegen, so frägt sich's, ob Gambetta oder Trochu — das Barret (die Advokatenmütze) oder der Säbel — die Diktatur behaupten, oder ob nicht in beiden Fällen der Marschall Trochu die Rolle General Cavaignac's in der den Arbeitern gelieferten Junischlacht 1848 übernehmen werde — um die „Ordnung zu retten" und der Republik diesmal nicht ein Kaiserreich, sondern ein Königreich, nicht einen Bonaparte, sondern einen Orleans folgen zu lassen — bis die von unten heraufwachsende sozialdemokratische Republik das ganze Herrschergebäude in die Luft hebt.

Immerhin würden wir, wenn Wünsche etwas nützten, von Herzen wünschen, Frankreich möchte nun als Gegendienst die gesammten deutschen Armeen und — — — — — — gefangen nehmen. Dann könnte man in Teutschland ebenfalls die Republik proklamiren und bei Gelegenheit der gegenseitigen Auslieferung der großen Armeen und der Deportirung der — — — — — — — ein allgemeines Völkerverbrüderungsfest feiern und zum Jubel der Menschheit die Herstellung der Republik der Vereinigten Staaten von Europa verkünden.

11.
Eine Mahnung an die Partei.
Aus dem „Volksstaat" 1869.

(Siehe Seite 375.)

Haben wir vor 14 Tagen den Abonnentenstand des Parteiorgans veröffentlicht und daran die Mahnung geknüpft, daß ein
Jeder thue, was er vermag, den Leser- und Wirkungskreis des
Parteiorgans zu erweitern, so sehen wir uns heute veranlaßt, eine
zweite Seite der Parteiwirksamkeit zu erörtern, die nicht minder
wichtig als die erste, von allen Parteimitgliedern zu berücksichtigen
und zu erfüllen ist. Diese betrifft die materielle Unterstützung
der Partei durch regelmäßige Steuern.

Nach § 3 unserer Parteiorganisation soll jedes Mitglied der
Partei einen monatlichen Beitrag von Einem Groschen an den
Parteiausschuß zu leisten verpflichtet sein. Frei von dieser Steuer
sollen Diejenigen sein, welche das Parteiorgan halten und dies
nachweisen können. Außerdem soll der Parteiausschuß ermächtigt
sein, in den Fällen, wo der monatliche Beitrag von Einem Groschen,
in Rücksicht auf die persönlichen oder lokalen Verhältnisse, zu hoch
ist, nach eigenem Ermessen ermäßigen zu dürfen. Es ist durch
diese Bestimmungen der Parteiorganisation allen billigen Anforderungen Genüge geschehen; Jeder, ohne Rücksicht auf seine
materielle Stellung, ist in die Lage gesetzt, sich der Partei anschließen zu können, und man müßte erwarten, daß auch jeder
Einzelne wie die vereinigten Parteigenossen in den lokalen Organisationen (sozialdemokratische Arbeitervereine, Arbeiterbildungs-
Vereine, Volksvereine re.) unter der geeigneten Form sich der
Parteiorganisation anschlössen und ihre Pflicht gegen die Partei
erfüllten. Das ist aber bis jetzt nur erst vom kleinsten Theil
geschehen. Die Zahl der Orte, welche der Parteiausschuß seit
einigen Monaten regelmäßig im Parteiorgan als solche aufführt,
die ihrer Pflicht gegen die Partei nachgekommen, ist eine geringe
im Verhältniß zur Zahl derjenigen, welche ihrer Gesinnung nach
zur Partei gehören, und im Verhältniß zu derjenigen Zahl, welche
in Eisenach vertreten war und das Programm und die Organisation
anerkannten.

Wir sind keine Schönfärber; wir wollen nicht Behauptungen
aufstellen, mit denen wir nur uns und Andere täuschen, sondern
wir wollen rücksichtslos und offen uns selbst die Wahrheit vorhalten, weil wir nur dadurch erkennen, was fehlt und wo geholfen
werden muß. So sagen wir also nochmals: die Zahl Derjenigen,
welche aktiv, d. h. durch Erfüllung ihrer Pflicht zur Partei gehören, ist weit geringer als die Zahl Derjenigen, welche in Eisenach
zu uns gehörten. Wir wissen, daß es unsinnig wäre, zu ver-

langen, daß Alle, die dort mit uns gingen und ihre Uebereinstimmung erklärten, auch ihrer ganzen Zahl nach zu uns treten.
Das geht einfach nicht, weil Tausende, die dort vertreten waren,
in freien Volksversammlungen, also ohne jeden direkten Zusammenhang und jede Organisation, ihre Vertreter wählten; weil andere
Tausende und Abertausende, die sich vertreten ließen, Korporatio is-
verbänden (Gewerksgenossenschaften u. dergl.) angehörten, die nach
den bestehenden Gesetzen weder unserer Organisation angehören
dürfen, noch in Anbetracht der doppelten Opfer ihr angehören
können. Aber neben diesen beiden Gruppen sind es denn doch
noch viele Tausende, die, in lokalen Agitationsgruppen vereinigt, nicht nur der Partei angehören könnten, sondern es auch
müßten.

Und an diese geht heute unsere Mahnung. Der Verband der
deutschen Arbeitervereine, der volle 10 000 Mitglieder zählte in
107 Vereinen, die große Zahl der aus dem Allgemeinen Deutschen
Arbeiterverein Ausgetretenen, die Mitglieder des früheren Lassalle-
schen Allgemeinen Deutschen Arbeitervereins, sie sind, ganz abgesehen von unseren österreichischen und schweizerischen Brüdern, die
theils durch die Strenge der Gesetze, theils durch ihre besonderen
Organisationen verhindert sind, sich direkt mit uns zu vereinigen,
eine hinlänglich große Zahl, um eine stattliche Partei zu bilden,
eine hinlänglich große Zahl, um Mittel zu beschaffen, welche die
Partei in den Stand setzen, den Kampf mit jedem ihrer Gegner
aufzunehmen. **Wo stecken diese also? Heraus aus den
Winkeln!** Alle sind vorhanden, die Meisten thun auch nach
ihrer Art ihre Pflicht. Wohlgemerkt: nach ihrer Art. Statt auf
das große Ganze zu blicken, statt zu begreifen, daß nur in fest-
geschlossener Masse, in organisirter Gemeinsamkeit ein großes Ziel
zu erreichen ist, geben sich nicht Wenige damit ab, die Sisyphus-
arbeit der örtlichen Thätigkeit, und zwar in einer Menge von
lokalen Bestrebungen zersplittert, unausgesetzt auf sich zu nehmen;
Andere sind, durch die ewigen Reibereien mit den, die Arbeitersache ausbeutenden Persönlichkeiten erzürnt, mißmuthig über die
Beschränktheit Vieler, die sich von bestimmten Individuen am Narren-
seile herumführen lassen, dahin gekommen, unthätig zuzuschauen
und die Dinge gehen zu lassen, wie es Gott gefällt.

**Wir begreifen diese Standpunkte, aber wir billigen
sie nicht.**

Denjenigen, welche kleinlicher, unbedeutender Vortheile wegen,
ihre ganze Kraft, ihre ganze Zeit und ihre ganzen Mittel opfern,
rufen wir zu: daß ihr Beginnen Thorheit ist, daß es falsch,
grundfalsch ist, an einem Gebäude herumzurepariren und herum-
zuflicken, das in jeder Beziehung zu enge und auch zu baufällig
geworden ist, um darauf gewandte Kraft und Zeit zu vergelten:

daß es weit zweckmäßiger ist, den ganzen alten Bau einzureißen und ein stattlicheres, wohnlicheres Gebäude her-
zurichten, in dem Platz ist für Alle; daß aber, um dieses zu
können, Alle mithelfen müssen, alle Hände, alle Mittel zusammen-
gefaßt, konzentrirt werden müssen, um das Haus nöthigenfalls
denen über dem Kopfe einzureißen, die ein Interesse daran haben,
die alte Baracke aufrecht zu erhalten, weil sie ihnen und nur
ihnen Schutz und Bequemlichkeit bietet, während die Anderen
vor der Thür stehen müssen. Von diesem Standpunkt, Ihr
Lokal-Maulwürfe, betrachtet die Arbeit, und Ihr werdet sehen,
daß wir recht haben. Wohl sollt Ihr auch die lokale Thätigkeit
nicht vernachlässigen, aber immer nur arbeiten im Zusammenhang
mit dem Ganzen, nach bestimmtem Maß und Ziel. Darum also
nochmals Zusammenfassen der Kräfte, systematischer Kampf
und keine zersplitterte lokale Thätigkeit!

Und der zweiten Kategorie unserer Freunde, Denjenigen, die
mißmuthig die Hände in den Schooß legen, denen sagen wir, daß
es eines Mannes unwürdig ist, grämlich zuzugucken, wo Andere
arbeiten, daß Denjenigen damit das Handwerk nicht gelegt wird,
welche, das Vertrauen und die Unwissenheit Anderer mißbrauchend,
sich an deren Blute vollsaugen, daß mit einem Worte mit Nichts-
thun nichts geändert, geschweige gebessert wird.

Darum frisch heran von beiden Seiten und zugegriffen! Vermehrt das Häuflein, das jetzt allein schafft und allein opfert,
helft, was Ihr könnt! Je mehr Ihr beitretet, je leichter wird die
Arbeit jedem Einzelnen. Ihr schafft ja nicht für Andere,
Ihr schafft für Euch selbst, und wir denken denn doch, wenn die
heutige Gesellschaft Jahr aus Jahr ein Eure Arbeitskraft aus-
beutet, wenn der heutige Staat, „das alte, faule morsche Ding", Euch
unausgesetzt auspreßt, daß Ihr dann den letzten Rest von Kraft
und Mitteln daran zu setzen verpflichtet seid, um Staat und
Gesellschaft von heute dahin zu senden, wo sie hingehören!

Parteigenossen! setzt Euren Stolz darein, daß, wenn der
Parteiausschuß über geleistete Hilfe quittirt, der Name Eurer
Heimath dabei nicht fehlt; es ist Zeit, höchste Zeit, daß wir Alle
helfen, und ein schlechter Arbeiter ist, wer da noch zaudert!

B.

12.
Proletarier vereinigt euch!
Aus dem „Volksstaat", 1870.
(Siehe Seite 384.)

An die Arbeiter Deutschlands!

Die Erkenntniß der Klassenlage des Arbeiters hat bereits fast allenthalben dazu geführt, daß die Arbeiter, um sich die politische Freiheit zu erringen und damit die Beseitigung der wirthschaftlichen Ausbeutung, die soziale Befreiung herbeizuführen, sich immer fester aneinander schließen, und gewiß jeder Arbeiter, dem Kopf und Herz an der rechten Stelle sitzen, fühlt die heiligste Verpflichtung, dazu beizutragen, daß die Arbeiterbewegung zu einer einheitlichen und kräftigen Agitationsarmee sich gestalte und damit ihrem Siege entgegengeführt werden kann.

Gegenüber diesem erwachten und jugendfrischen Leben und Regen des Klassengeistes unter den Arbeitern der ganzen zivilisirten Welt muß es Jeden, der in die Arbeiterbewegung Deutschlands bereits eingetreten oder sich an derselben zu betheiligen gesonnen ist, mit schmerzlichem Unwillen erfüllen, daß gerade Diejenigen, welche das Vertrauen der Arbeiter dazu berufen hat, die Reihen der Arbeiterbataillone immer dichter und zahlreicher aneinander zu schaaren und in Bekämpfung jedweder Reaktion die Bewegung ihrem Ziele entgegenzuführen, dieses Vertrauen auf die schnödeste Weise mißbrauchen, während wir auf der anderen Seite leider sehen müssen, daß ein Theil des deutschen Arbeiterstandes, statt den Kampf gegen die heutigen Zustände als einen reinen Klassenkampf aufzufassen und demnach jede Bundesgenossenschaft, selbst die der angeblich radikalen Bourgeois-Elemente, von sich zu weisen, sich mit der sogenannten „Volkspartei" in ein jedenfalls unnützes, von dieser nur in jesuitischer Absicht gesuchtes Bündniß eingelassen hat.*)

Es kann nicht Zweck dieser Zeilen sein, durch eine nähere Beleuchtung der bezüglichen Vorkommnisse den Nachweis darüber zu liefern, daß Herr Dr. v. Schweitzer das Vertrauen des „Allgemeinen Deutschen Arbeitervereins" wirklich mißbraucht hat; dieser zum Theil sehr schmutzigen Wäsche sind wir durch die Thatsache enthoben, daß Herr Dr. v. Schweitzer durch Beschluß des Vorstandes und der Generalversammlung in Halle rechtskräftig aus dem „Allgemeinen Deutschen Arbeiterverein" ausgestoßen worden

---

*) Ein arger Irrthum der Verfasser des Aufrufs, die damals noch zum Theil von den Schweitzer'schen Lügen umstrickt waren.

(1894.)

ist; ebensowenig aber wollen wir uns hier damit befassen, nach=
zuweisen, wie wenig empfehlenswerth das Regiment der Frau
Gräfin Hatzfeldt, welches durch Strohmanns=Präsidenten an die
Stelle der Schweitzer'schen Diktatur treten soll, ist. Für einen
wahren Lassalleaner ist vollends ein Zusammengehen mit der Volks=
partei undenkbar, weshalb wir uns auch gegenüber der „Sozial=
demokratischen Arbeiterpartei" — wie sie sich nennt — einer
weiteren Polemik enthalten.

Indem wir darauf verzichten, auf Persönlichkeiten einzugehen,
so dürfen wir dafür desto mehr an den gesunden Sinn des deutschen
Arbeiterstandes appelliren und hoffen, daß früher oder später
jeder Arbeiter — gehöre er jetzt zu den Anhängern des Herrn
v. Schweitzer oder zu den sogenannten Mende=Hatzfeldtianern
oder stehe er noch im Bündniß mit der Volkspartei — zu der
Ueberzeugung gelangen wird, welche uns zu diesem Schritte ver=
anlaßt hat; es ist dies die Ueberzeugung, daß in jeder dieser drei
Fraktionen der Sozialdemokratie die Erbschaft unseres Meisters
Ferdinand Lassalle mißbraucht und entweiht wird, überall
aber die blinde Anhänglichkeit seitens vieler Mitglieder dieser
Fraktionen und die List, mit welcher sich die gegenwärtigen Führer
derselben diese Anhänglichkeit zu erhalten wissen, mächtig genug ist,
um für lange Zeit hinaus jede radikale Opposition und die Auf=
stellung von einfachen aber ehrlichen, von ungelehrten aber auch
unabhängigen und aufrichtig revolutionären Arbeitern als Führer
unmöglich zu machen.

Was ist nun unter diesen Verhältnissen zu thun? Sollte
wegen der Erbärmlichkeit einzelner Personen, welche — wie
eben bemerkt — nicht sobald zu beseitigen sind, die Sache
Schaden leiden? Soll durch unfähige und intrigante Führer die
Arbeiterbewegung noch länger im reaktionären Fahrwasser ge=
halten werden, andere aber, die bis jetzt der Arbeiterpartei an=
gehört haben, durch die bekannten Vorkommnisse der letzten Zeit
von derselben durch ihren gerechten Unwillen über die an der
Spitze stehenden Persönlichkeiten fortgetrieben werden, um für die
Zukunft abzulassen von dem heiligen Kampfe für das Recht und die
Befreiung des unterdrückten vierten Standes? Sollte endlich dadurch
das große Werk des Geistesriesen Ferdinand Lassalle, die Stiftung
der deutschen Arbeiterpartei, nutzlos und verderblich gemacht werden,
nutzlos und verderblich dadurch, daß die Arbeiter immer weiter von
ihrem Ziele abgebracht, da vielleicht zur Machterweiterung eines
Großstaates, also zur noch stärkeren, weil einheitlichen Knechtung des
deutschen Volkes, dort aber zur Bourgeois=Revolution, zur An=
strebung einer Bourgeois=Republik mißbraucht werden sollen?

Nein und tausendmal: Nein! Das kann und darf
nicht sein und das muß anders werden! Entweder so oder so.

Eine Aenderung in dem „Allgemeinen Deutschen Arbeiterverein", durch die eine nennenswerthe Besserung in der Vereinsleitung herbeigeführt würde, ist nach keiner Seite hin zu erwarten. Mit dem Sturze v. Schweitzer's und der Herrschaft der Hatzfeldt= schen Kreaturen ist nur ein Teufel mit zehn anderen ver= tauscht. Von einem Eintritt in die sogenannte „Sozial= demokratische Arbeiterpartei" aber kann überhaupt für einen Arbeiter, der seine Klassenlage richtig erfaßt hat und dem= nach den Kampf für die Umgestaltung der heutigen Staats= und Gesellschaftszustände als reinen Klassenkampf betrachtet, so lange keine Rede sein, als diese Partei sich nicht vollständig von jeder Beziehung mit der Volkspartei emanzipirt hat. — Hier= nach bleibt nur eins übrig, was allerdings auf den ersten Blick wieder als ein großes Uebel erscheint, dennoch aber das einzige rasch und entschieden wirkende Mittel sein dürfte, durch welches der unwürdigen Personenwirthschaft in der Arbeiterpartei ein Ende gemacht und die Schöpfung Lassalle's ihrer Wieder= geburt entgegengeführt werden kann — es ist die Gründung oder besser: Wiederherstellung der Lassalleanischen Arbeiterpartei, die alle guten Lassalleaner und Sozialdemokraten, welche die Schweitzer'sche wie die Hatzfeldt'sche Herrschaft ebenso wie die der Volkspartei hassen und von sich weisen wollen, aus jeder der be= stehenden Fraktionen an sich ziehen und den Grundgedanken Lassalle's, eine kräftige Agitationsarmee gegen jedwede Reaktion zu bilden, zur Verwirklichung bringen, unter der Leitung von Arbeitern die Arbeiterbewegung kräftig in die Hände nehmen und zum Siege führen soll.

Wenn hiermit auch die traurige Zersplitterung durch eine vierte Fraktion vermehrt wird, so ist doch zu hoffen, daß eine Einigung aller echten Sozialdemokraten der Zersplitterung über= haupt bald ein Ende gemacht haben wird, indem der gesunde Sinn des deutschen Arbeiterstandes Führern, wie Schweitzer und den Strohmännern der Gräfin Hatzfeldt sowie der Volkspartei, bald nur mehr blinde Anhänger, auf welche die sozialdemokratische Arbeiterbewegung verzichten kann, übrig lassen wird.

Von diesen Anschauungen ausgehend, hat eine am Montag, den 3. Januar 1870, in München stattgefundene Versammlung sozialdemokratisch gesinnter Arbeiter in Verbindung mit den Augs= burger, Ansbacher und Würzburger Parteigenossen beschlossen, die unterfertigte Kommission zu beauftragen, einen Kongreß zur Wiederherstellung der Lassalleanischen Arbeiterpartei einzuberufen, und im Vollzuge dieses Auftrages beraumen die Unterzeichneten einen Kongreß sozialdemokratisch gesinnter Arbeiter, welche von jetzt ab weder mit Schweitzer, noch mit Mende und Konsorten oder mit der Volkspartei gehen wollen, und zwar auf den

23.—24. Januar d. J., Vormittags 10 Uhr, nach Augsburg im Gasthofe zum Stiftsgarten an, und richten an alle Arbeiter Deutschlands, welche mit den vorausgehenden Gesichtspunkten einverstanden sind, die dringende Aufforderung, rechtzeitig sich durch Delegirte, welche eine gehörige Legitimation mitzubringen haben, vertreten zu lassen.

Die vorläufige Tagesordnung des Kongresses besteht in folgenden Punkten: 1. Beleuchtung der bestehenden sozialdemokratischen Parteien. 2. Berathung und Beschlußfassung über die Vorschläge der Kommission, betreffend die Gründung einer „Lassalleanischen Arbeiterpartei" und Programm derselben. 3. Die Organisation.

Wenn die Delegirten je nach erhaltenen Aufträgen und nach ihrer Ueberzeugung in der Hauptfrage, also der Gründung, resp. Regeneration der Lassalleanischen Arbeiterpartei überhaupt zustimmen, wird es Aufgabe des Kongresses sein, sofort hierzu Hand ans Werk zu legen. In erster Linie soll dies geschehen durch Feststellung eines den Prinzipien der Partei entsprechenden Programms, wozu die Kommission die nachfolgende Vorlage ausgearbeitet hat. Auf Grund des vom Kongreß beschlossenen Parteiprogramms soll dann die Organisation der Partei berathen und festgestellt werden. Bei der Dringlichkeit der Zeit konnte die Kommission nicht dazu gelangen, in dieser Beziehung präzise Vorschläge auszuarbeiten und es wird sich die Frage sehr wahrscheinlich in der Hauptsache nur darum drehen, ob die Lassalle'sche Organisation des „Allgemeinen Deutschen Arbeitervereins" beibehalten oder — und dies zu befürworten könnte unseren Auftraggebern nur die Befürchtung von Polizeibelästigungen veranlassen, angesichts der Augsburger bezirksgerichtlichen Verhandlungen gegen die Mitglieder des „Allgemeinen Deutschen Arbeitervereins" — eine ähnliche Organisation gewählt werden soll, wie die der sogenannten „Sozialdemokratischen Arbeiterpartei" der Herren Bebel und Liebknecht ist. —

Wenn auch die Aufgabe des Kongresses hiernach eine sehr schwierige ist, so hoffen wir dennoch, daß es dem guten Willen der deutschen Arbeiter, die der Partei, sei es in dieser oder jener Form, beitreten wollen, gelingen wird, trotz der allerdings sehr kurz gegebenen Zeit, sofort durch Arbeiterversammlungen, oder — wenn nicht möglich, durch anderweitige Verständigung der Gesinnungsgenossen — die Frage des Kongresses und der Parteireorganisation zu berathen, sich über die flüchtig entworfene Programm-Vorlage auszusprechen, sich ihrerseits über die zu wählende Organisation u. s. w. zu entscheiden und, mit diesen Ansichten versehen, einen oder mehrere Delegirte abzusenden.

Die dringliche Nothwendigkeit eines raschen Handelns, um den Anhängern des Herrn Schweitzer und der Gräfin Hatzfeldt möglichst wenig Zeit zur weiteren Verwirrung der Arbeiterpartei übrig zu lassen, veranlaßte uns, die kürzeste Frist zu setzen. Es muß sich jetzt zeigen, was unter den schwierigsten Umständen und in der kürzesten Zeit die Energie des Arbeiterstandes zu vollbringen im Stande ist.

Wir laden die Herren Delegirten freundlichst ein, bei ihrer Ankunft in Augsburg, welche spätestens Samstag, den 22. Januar d. J. Abends erfolgen sollte, sich in dem Sammellokal bei Bierbrauer Eisenmaier einzufinden.

Alle Briefe und Anfragen sind zu richten an G. Stollberg, Schuhmacher am Jakobertor in Augsburg.

Arbeiter, Brüder im heiligen Kampfe des Proletariats, jetzt zeigt, daß Ihr die Sache vor Allem hochhaltet, und laßt die Personen, welche bisher mit Euch gespielt haben, einfach allein, wodurch Ihr sie am besten aus der Arbeiterpartei entfernt, um sie ferner mit ihren persönlichen Anhängern thun und treiben zu lassen, was ihnen beliebt! Handelt rasch, Arbeiter, es gilt Eure und unsere Ehre, es gilt die Erbschaft Ferdinand Lassalle's!

Augsburg, am 5. Januar 1870.

Mit sozialdemokratischem Gruße!

Im Namen der sozialdemokratisch gesinnten Arbeiter Augsburgs, Münchens, Ansbachs, Würzburgs.

Die Einberufungs-Kommission aus Auftrag Robert Neff, J. Franz, Stangl, Herz, Pröbstl in München, J. Endres, G. Stollberg, L. Tauscher in Augsburg, Albinger in Ansbach, A. Wüchner in Würzburg.

Nachstehend das Programm, über welches der Kongreß in Berathung zu treten hat.

1. Ertheilung des allgemeinen gleichen direkten und geheimen Wahlrechtes ohne allen und jeden Zensus an alle Männer vom 20. Lebensjahre an zur Wahl aller gesetzgebenden Körper.

2. Staatshilfe in Form von Staatskredit für freie Produktiv-Assoziationen.

3. Aufhebung aller Vorrechte des Standes, des Besitzes, der Geburt und der Konfession.

4. Errichtung der Volkswehr an Stelle der stehenden Heere.

5. Trennung der Kirche vom Staat und Trennung der Schule von der Kirche.

6. Obligatorischer Unterricht in Volksschulen und unentgeltlicher Unterricht in allen öffentlichen Bildungsanstalten.

7. Unabhängigkeit der Gerichte, Einführung der Geschwornengerichte, wo sie noch nicht bestehen, Einführung des öffentlichen und mündlichen Rechtswesens und unentgeltliche Rechtspflege.

8. Abschaffung aller Preß=, Vereins= und Koalitionsgesetze; Einführung des Normalarbeitstages; Einschränkung der Frauen= und Verbot der Kinderarbeit.

9. Abschaffung aller indirekten Steuern und Einführung einer einzigen direkten progressiven Einkommensteuer und Erb= schaftssteuer.

10. Allmälige Expropriation des großen Grundeigenthums durch Ablösung von Staatswegen und gleichmäßige Vertheilung der Ländereien.

———

Der „Proletarier", redigirt von Herrn Tauscher, schreibt über diese Angelegenheit (Nr. 24):

„Der Kongreß aller sozialdemokratischen Arbeiter Teutschlands ist auf den 23. Januar d. J. nach Augsburg einberufen, um womöglich eine Vereinigung aller guten Lassalleaner und Sozialdemokraten zu Stande zu bringen und, die bisherigen Fraktionen Schweitzer, Mende=Hatzfeldt und Bebel=Lieb= knecht verlassend, eine Wiedergeburt der Idee Ferdinand Lassalle's, d. h. jene reine und unabhängige, agitatorische Arbeiterpartei herzustellen, wie sie Lassalle bei Gründung des „Allgemeinen Teutschen Arbeitervereins" beabsichtigt hatte. Die „Lassalleanische Arbeiterpartei" soll alle jene Arbeiter in sich vereinigen, welche — rein und innig und hoch über Alles, blos die Sache vor Augen — sich um die vielfach mißbrauchte Fahne Lassalle's in dichten, aufrichtig revolutionär gesinnten Reihen schaaren wollen, den Kampf der Besitzlosen gegen den sozialen Druck und die politische Bevormundung der Besitzenden als Klassenkampf auffassen, und somit in festgeschlossenen Reihen gleichmäßig gegen die Reaktion des Junkerthums und der Säbel= herrschaft, wie gegen jene des Kapitals vorgehen wollen. Der Kongreß soll alle wahren Sozialdemokraten vereinigen, die — weil sie dieses sind — fortan weder mit Herrn Dr. v. Schweitzer, noch mit Herrn Mende und Konsorten, aber auch nichts mit der Bourgeois=Demokratie (Volkspartei) zu thun haben wollen, sondern — einen schlichten aber unabhängigen, einen ungelehrten aber redlichen Arbeiter an der Spitze — durch Dick und Dünn für die gerechte Sache des unterdrückten vierten Standes vor= wärts marschiren werden! Gelingt es dem Kongreß — und wir zweifeln so wenig daran wie an dem gesunden Sinn des deutschen Arbeiterstandes, daß es ihm gelingen wird —, den Grund zu dem großen Einigungswerk der deutschen Sozial= demokraten zu legen, so wird die Herrschaft aller jener Personen, die bisher die Arbeiterbewegung als ein Spielwerk ihres egoisti= schen Ehrgeizes benützt und daneben — das Vertrauen des nach voller Freiheit, nicht aber nach preußischer Säbel=Einheit ver=

langenden Arbeiters mißbrauchend — mit der Reaktion sich auf
freundschaftlichen Fuß setzten, diese ganze Personen=Herrschaft wird
dann auf blinde Anhänger, auf Bedientenseelen beschränkt, und
wird damit von selbst zusammenstürzen, während im Augenblick
jede Opposition da und dort vergeblich wäre! Von diesen An=
schauungen ausgehend, soll der Kongreß der unabhängigen Sozial=
demokratie am 23. Januar durch Gründung oder vielmehr Regene=
ration der Lassalleanischen Arbeiterpartei — in dieser oder jener
Form — das Prinzip des „Allgemeinen Deutschen Arbeitervereins"
neu verkörpern für ganz Deutschland! —   Fz." (Franz.)

* * *

Ein neuer Kongreß aller sozialdemokratischen Arbeiter Deutschlands.

Ein neuer Kongreß ist auf Sonntag, den 23. d. M. nach
Augsburg einberufen. Dem oberflächlichen Beobachter mag
es scheinen, als ob die Zersplitterung und Verwirrung in der
gesammten sozialdemokratischen Partei nun noch ärger werden müsse.
Ist doch der von den Einberufern bezeichnete Zweck des Kongresses
der, eine neue Organisation in der Partei zu gründen, die dann
neben der des Herrn v. Schweitzer, neben der der Gräfin Hatz=
feldt und neben der unsrigen die vierte sein würde. Angenehme
Aussicht für die Zeitungsschreiber der Bourgeoisie und der Reaktion,
die, was die Arbeitersache betrifft, wohl ziemlich alle zu den ober=
flächlichsten Beobachtern gehören! Doch daß „der Schein oft
trügt", wird sich auch hier wieder bewahrheiten.

Für den tiefer Blickenden muß die Einberufung dieses Kon=
gresses eine Freude sein. Es ist ein neues Stück der Emanzipation
von den gewissenlosen Führern der Arbeiter, zu der wir in Eise=
nach den ersten großen Anstoß gegeben haben; es ist ein neuer
Beweis dafür, daß der Arbeiterstand immer selbständiger und
selbstbewußter auftritt. Freuen wir uns dessen! Die Einheit der
Arbeiterpartei ist wieder einen Schritt näher gerückt, denn nur
die „Führer" sind es, wie der Aufruf sehr richtig dies ausspricht,
welche die sozialdemokratischen Arbeiter auseinander halten, ja
gegeneinander hetzen. Hat die Herrschaft von Führern ihr Ende,
so wird die Arbeitermasse, beseelt von einem Gedanken, durch=
drungen von demselben Klassenbewußtsein, bald einig sein. Daß
die Einheit derselben aber unerläßlich nothwendig ist, bevor an
eine Verwirklichung der Prinzipien der Partei gedacht werden
kann, ist selbstverständlich. Ist aber die Einheit der Partei her=
gestellt, dann haben wir schon heute die 100 000 Mann, die
Lassalle für nothwendig hielt, und vielleicht mit majestätisch ruhigem
Ernste in den gesetzgebenden Körpern oder mit wild wehendem

Lockenhaar wird dann die Revolution vollzogen werden, deren Ziel die Aufhebung der heutigen ungerechten staatlichen und gesellschaftlichen Verhältnisse und die Einführung des sozialdemokratischen Volksstaates sein wird, der rothen Republik!

In Eisenach haben wir in dem Geiste getagt, die zum Klassenbewußtsein durchgedrungenen deutschen Arbeiter in einer einheitlichen, demokratischen Organisation zusammenzufügen — begrüßen daher auch den von demselben Geiste eingegebenen Kongreß zu Augsburg!

Aber — mag mir mancher Parteigenosse entgegenrufen — in Augsburg soll ja eine vierte Organisation geschaffen werden in derselben Partei, und zumal uns halten ja die Einberufer für Bourgeois, für „Volkspartei" u. dergl., mit denen kein, zumal zum Klassenbewußtsein durchgedrungener, Arbeiter etwas zu thun haben dürfe!

Dieser Vorwurf könnte uns — verletzen, wenn er nicht ein — großer Irrthum wäre! Ueber diesen Irrthum aber dürfen wir uns nicht wundern. Sind doch die Einberufer des Kongresses bisher Mitglieder des Allgemeinen Teutschen Arbeitervereins gewesen, dessen Organ der Berliner „Sozialdemokrat" ist, und ich weiß aus eigener Erfahrung, wie schwer es mir geworden ist, mich von den ewig und immer wieder durch dies Blatt ausposaunten Lügen und Verdächtigungen*), nach denen auch der „Proletarier" in München Bourgeois-Organ ist, frei zu machen und auch in den Herren Bebel und Liebknecht statt „Hietzinger Agenten", sehr achtenswerthe Parteimitglieder zu sehen. Aber bei besserem Zusehen kommen die Einberufer des Kongresses nicht allein, sondern auch die lange belogenen Arbeiter im Allgemeinen Teutschen Arbeiterverein von diesem Irrthum zurück!

Ta aber Niemand ungestraft falsche Behauptungen in die Welt setzen darf, ohne sie zu beweisen, so fordere ich meinerseits die Einberufer des Kongresses auf, ihre Behauptung, wir seien keine wahrhafte und selbständige Arbeiterpartei, zu beweisen, oder doch wenigstens die Anhaltepunkte zu diesem Beweise der Oeffentlichkeit zu übergeben. Ich fühle mich persönlich gröblich beleidigt und erkläre meinerseits — glaube auch im Sinne aller Mitglieder der sozialdemokratischen Arbeiterpartei zu sprechen —, daß ich nie einer Partei angehören werde, welche die Arbeiter zur Errichtung einer „Bourgeois-Republik" mißbrauchen will.

----

*) Neuerdings werde ich in demselben auch angeschuldigt, für den A. T. A.-V. (Allgemeinen Teutschen Arbeiterverein) bestimmte Gelder zu meinem Zwecke eingesäckelt zu haben. Taß mir das Geld durch Hrn. Jean Magin in Lüttringhausen per Postanweisung ohne jede Bemerkung eingesandt wurde, als ich längst nicht mehr Kassirer des A. T. A.-V. war, sondern die Eisenacher Kongreßkasse zu verwalten hatte, davon steht im „Sozialdemokrat" kein Wort.

Der Aufruf behauptet auch, wir gingen mit der Volkspartei oder hätten doch wenigstens Beziehungen zu derselben,
welche abgebrochen werden müßten.

Auch dies ist eine sehr gewagte Behauptung.

Vor dem Eisenacher Kongreß waren, besonders in Sachsen,
viele bürgerliche Republikaner mit den sozialistischen, außerhalb
des Allgemeinen Deutschen Arbeitervereins stehenden Arbeitern
unter dem allgemeinen Namen der (sächsischen) Volkspartei vereinigt. Damals nannte sich auch das von Liebknecht redigirte
„Demokratische Wochenblatt“, aus welchem unser „Volksstaat“
geschaffen wurde, Organ der sächsischen Volkspartei. Wie wenig
diese Beziehungen aber selbst damals die Bedeutung hatten, welche
die Kongreßberufer von Augsburg u. s. w. heute noch unserer
Partei unterlegen, das beweist wohl schlagend der Umstand, daß
auf dem Nürnberger Arbeitertage vom 6. September 1868, zu
welchem auch der Allgemeine Deutsche Arbeiterverein Abgeordnete
entsendet hatte und bei welchem die nichtsozialistische Minderheit
des angenommenen sozialistischen Programms wegen aus dem
damaligen Verbande der deutschen Arbeitervereine austrat,
Liebknecht den Bourgois-Elementen in jenem Arbeitertage gegenüber sagte: „Die sozialistische Arbeiterbewegung geht ihren eigenen
Gang: sie ist durch und durch demokratisch — demokratisch und
sozialistisch sind überhaupt für mich identische Ausdrücke — und
da die Arbeiter das Gros des Heeres der Demokratie bilden, ist
es nicht an ihnen, sich der Demokratie anzuschließen; sie sind
die Demokratie, und die demokratische Volkspartei hat sich einfach
mit der demokratischen Arbeiterpartei zu vereinigen.“

Auf dem Eisenacher Kongreß ist dann die Organisation der
durchaus selbständigen Sozialdemokratischen Arbeiterpartei erfolgt;
die sozialistischen Arbeiter der früheren Volkspartei haben sich
derselben angeschlossen und die übrigen, die republikanischen und
bürgerlichen Elemente der Volkspartei, haben neuerdings ihre
eigene selbständige Organisation begonnen. Daß wir nicht die
Volkspartei sind, zeigt dieser Umstand deutlich; denn wären wir
die Volkspartei, so würden die Anhänger der letzteren sich nicht
organisiren! Auch trifft es nicht zu, daß wir mit der Volkspartei
gehen. Das Gegentheil scheint eher der Fall. Die Volkspartei,
wahrscheinlich durchdrungen von dem Bewußtsein, daß sie ohne
die sozialistischen Arbeiter nie im Stande sein würde, die Republik
zu erringen, scheint die Annäherung an uns zu suchen und, obwohl der Ausschuß der Partei in keinerlei Beziehung zu derselben getreten ist, ist nach den von uns bisher gemachten Erfahrungen
anzunehmen, daß ein großer Theil der Volkspartei die sozialistische
Arbeiterbewegung zu fördern sucht. Jeder aufrichtige Republikaner
muß sich auch sagen, daß die Republik nicht anders möglich ist,

als durch die Arbeiter, und die Arbeiter sind viel zu sehr gewitzigt durch bittere Erfahrungen, als daß sie, wenn es einst in ihrer Macht stehen wird, eine andere Republik errichten sollten als die rothe. Nur diese ist noch möglich, und jeder aufrichtige Republikaner wird daher mit Freuden die sozialistische Arbeiterbewegung unterstützen.

Daß wir uns aber eventuell eine Unterstützung der Republikaner gerne gefallen lassen werden, ist streng im Sinne Lassalle's. In seinem Antwortschreiben spricht derselbe von der preußischen Fortschrittspartei, die noch nie republikanische Gelüste kundgegeben, wie folgt:

„Es erhellt von selbst, wie diese Arbeiterpartei sich zur deutschen Fortschrittspartei zu verhalten hat.

„Sich überall als eine selbständige und durchaus von ihr getrennte Partei zu fühlen und zu konstituiren, gleichwohl die Fortschrittspartei in solchen Punkten und Fragen zu unterstützen, in welchen das Interesse ein gemeinschaftliches ist; ihr entschieden den Rücken zu kehren und gegen sie aufzutreten, so oft sie sich von derselben entfernt, die Fortschrittspartei eben dadurch zu zwingen, entweder sich vorwärts zu entwickeln und das Fortschrittsniveau zu übersteigen oder aber immer tiefer in den Sumpf von Bedeutungs- und Machtlosigkeit zu versinken, in welchem sie bereits knietief angelangt ist — das muß die einfache Taktik der deutschen Arbeiterpartei gegenüber der Fortschrittspartei sein."

Ich denke, wir haben keinen Grund, der jetzt zu einer engeren Organisation strebenden deutschen Volkspartei gegenüber eine andere Taktik anzuwenden. Auch hat die sozialdemokratische Arbeiterpartei nie, so lange sie besteht, anders als in diesem streng-lassalleanischem Sinne sich zu der deutschen Volkspartei verhalten!

So viel über einen, der Arbeitersache gewiß nicht förderlichen — groben Irrthum.

Auch hier wird sich — nach Ferdinand Lassalle — die „Wahrheit durchbohren"!

Aber die Einberufer sprechen — es ist mir spaßig dabei zu Muthe geworden — getreu den Lügen des Berliner Doktors nach, von unserer Partei als der „sogenannten Sozialdemokratischen Arbeiterpartei der Herren Bebel und Liebknecht." Das muß doch die Herren Bebel und Liebknecht ungemein kitzeln! Auch sprechen sie an einer andern Stelle von den gegenwärtigen Führern der verschiedenen Fraktionen, deren List mächtig genug sei, „um für lange Zeit hinaus jede radikale Opposition und die Aufstellung von einfachen, aber ehrlichen, von ungelehrten, aber auch unabhängigen und aufrichtig revolutionären Arbeitern als Führer unmöglich zu machen."

O der liſtige Herr Liebknecht!

Nun, die Einberufer wiſſen ſcheinbar auch nichts von der Stellung, welche die Herren Bebel und Liebknecht in unſerer Partei einnehmen.

Auf dem Eiſenacher Kongreß wurde Braunſchweig=Wolfen=büttel als Sitz des Ausſchuſſes, welcher nach unſerer Verfaſſung die oberſte Leitung der Partei in Händen hat, beſtimmt und die Parteigenoſſen des Vorortes wählten denſelben nach beſtem Er=meſſen. Dieſer Ausſchuß nun, in welchem ich das Amt eines Kaſſirers zu verſehen die Ehre habe, hat auch nach dieſer Partei=verfaſſung die Leitung des Parteiorgans, welches Eigenthum der geſammten Partei iſt, und demzufolge auch die Perſonen der Redaktion und der Expedition zu beſtimmen. Der Braunſchweiger Ausſchuß hat nun Herrn Liebknecht mit dem Poſten eines erſten Redakteurs und Herrn Bebel mit dem eines Expedienten des Blattes betraut. Wer aber in unſerer Partei ſeine Pflicht nicht thut, kann von den Behörden der Partei ſofort abgeſetzt werden, ſo ſelbſt der Braunſchweiger Ausſchuß. Wahrlich, Ihr Herren, bei uns iſt es anders als im Allgemeinen Deutſchen Arbeiterverein des Herrn Schweitzer oder Mende, und Eure aus dem Allgemeinen Deutſchen Arbeiterverein mit herübergenommene Anſicht, als ob auch bei uns das Volk ſouverän genannt, dafür aber deſto beſſer von den Führern geleithammelt würde, iſt Euch zu verzeihen. Den Perſonenkultus haben auch wir gründlich haſſen gelernt, und beim Braunſchweiger Ausſchuß gilt ſo wenig ein Anſehen der Perſon, wie wir ein Anſehen der Perſon von der Partei erwarten.

Ob Ihr nach alledem noch zur Gründung einer neuen Organiſation zu ſchreiten habt auf Eurem Kongreß, das müßt Ihr wiſſen. Uns trennen keine Führer, uns trennt kein Zwie=ſpalt des Programms, ja wir haben im Punkte II. des Eiſenacher Programms viel weitergehende Forderungen aufgeſtellt als Ihr in Eurem Entwurf, der ſonſt mit dem unſerigen übereinſtimmt; uns trennt auch kein Zwieſpalt in der Organiſation, denn auch Ihr habt durch das Augsburger Bezirksgericht, wie wir durch Magdeburger und andere Gerichte erkennen gelernt, daß wir uns beſſer organiſiren können, wenn die lokale und die allgemeine Organiſation getrennt geſchehen, ſo daß die Mitglieder der lokalen Vereine einzeln auch Mitglieder werden der Partei und umge=kehrt, wie daſſelbe mit der Internationalen Arbeiter=Aſſoziation der Fall iſt. Die Sache iſt genau dieſelbe wie bei dem Allge=meinen Deutſchen Arbeiterverein!

Nach Eurer Einladung ſind aber auch wir unter den Ein=geladenen, da es auch uns nicht einfällt, im Schlepptau der Volkspartei zu gehen, und ſo werden auch einige Abgeordnete von uns Euren Kongreß beſuchen.

Hoffen wir, daß es auf diesem Kongresse, einem Nachfolger unseres Eisenacher Kongresses, gelinge, die Einheit zwischen unserer Partei und Euch zu begründen. Ihr werdet uns zu Allem bereit finden, was wir der Arbeitersache gegenüber verantworten können, und wir werden, falls etwa Euer Eintritt in die gesammte Partei nur erfolgen kann unter Bedingungen, welche wir nach unserer Verfassung zu bewilligen nicht das Recht haben, sofort die Partei um ihre Zustimmung befragen.

Die Arbeiterbewegung marschirt mit Riesenschritten. Noch eine kurze Spanne dieser Entwicklung, und sie wird unwiderstehlich sein.

Brade.

* * *

Der Arbeiterkongreß in Augsburg.

Von Seiten des Ausschusses unserer Partei wurde mir telegraphisch der Auftrag zu Theil, die Partei auf dem von Neff, Tauscher und Genossen einberufenen Arbeiterkongreß zu vertreten. Sonntag Vormittag 11 Uhr begannen die Verhandlungen des Kongresses im Stiftsgarten. Anwesend waren als Telegirte aus München: Neff, Stangl, Pröbstle, Franz; aus Augsburg: Tauscher, Stollberg, Endres, Scheller; aus Würzburg: Büchner, der zugleich Mandate von Aschaffenburg und Heidelberg hatte; Schriftsteller Schneeberger aus Wien, der eine beabsichtigte Reise nach Bayern zum Besuch dieses Kongresses benützte und als Mitglied der Internationalen Arbeiter-Assoziation demselben beiwohnte, endlich meine Wenigkeit, Namens der sozialdemokratischen Arbeiterpartei. Mehrfache Zuschriften, darunter eine von L. Schumann aus Berlin, der, wenn ich nicht irre, anempfahl, alle „Nichtarbeiter" aus der neuen Partei auszuschließen, waren eingegangen, ebenso liefen Nachmittags mehrere Begrüßungsdepeschen ein. Nach Erledigung der formellen Angelegenheiten: Eröffnung des Kongresses durch Franz (München), Prüfung der Mandate, Wahl des Bureaus (Franz erster, Stollberg zweiter Vorsitzender) und Feststellung der Geschäftsordnung wurde die erste Sitzung Mittags halb 1 Uhr geschlossen. Bemerkt sei, daß der Saal durch Arbeiter, welche den Verhandlungen zuhörten, so leidlich gefüllt war.

Nach Schluß der öffentlichen Sitzung traten die Delegirten zu einer geheimen Sitzung zusammen, um sich über etwaige Differenzpunkte zu verständigen. Ich ergriff zunächst das Wort und legte den Zweck meiner Anwesenheit dar: einen Versuch, die Bildung einer neuen Arbeiterfraktion zu verhüten und die Verschmelzung mit unserer Partei herbeizuführen. Ich führte aus, wie die Bildung einer neuen Fraktion nur den Gegnern der Arbeitersache nütze, wie dieselben aufs Neue über diese Spaltung jubeln und darauf hinweisen würden, daß die Arbeiter zur Leitung ihrer Angelegenheiten unfähig, als Partei ungefährlich seien, da sie trotz aller prinzipiellen Uebereinstimmung sich nicht einigen könnten, sondern rein formeller und persönlicher Bedenken wegen sich gegenseitig zerfleischten. Ein weiterer zwingender Grund für die Einigung sei die Verhütung der Zersplitterung der geistigen und materiellen Kräfte der Arbeiter. An beiden litten die Arbeiter keinen Ueberfluß. Je mehr Fraktionen, desto mehr Verwaltungen müßten geschaffen werden. Diese kosteten Geld, und so würden die sauer erworbenen Groschen der Arbeiter allein durch diesen Verwaltungsapparat aufgezehrt. Statt die Gelder zur Bekämpfung der Bourgeoisie und der Reaktion zu verwenden, bekämpfe man sich gegenseitig, die nicht im Ueberfluß vorhandenen geistigen Kräfte würden in diesem selben Kampfe verbraucht und aufgerieben, ohne Nutzen für die Gesammtheit. Wohl sei mir bewußt, daß man zwei Bedenken hauptsächlich gegen die Verschmelzung habe. Das eine sei unser angebliches Bündniß, wohl gar Verquickung mit der Volkspartei, das andere unsere Organisation, die man als eine zu wenig einheitliche ansehe. Beide Einwände beruhten auf Vorurtheilen, durch Diejenigen geschickt verbreitet und in die Massen eingepflanzt, welche aus einer Berührung der Arbeiter mit dem demokratischen Bürgerthum für ihre eigene Stellung gefürchtet (Schweitzer, Mende) und unter der Firma: „Kampf gegen die radikale Bourgeoisie", ihr Einverständniß mit der Reaktion habe verbergen wollen. Volkspartei und sozialdemokratische Arbeiter= partei seien zwei vollständig getrennte Parteien, jede habe ihr eigenes Programm und ihre eigene Organisation. Was das Programm unserer Partei betrifft, so brauche ich es nicht weiter zu entwickeln, da man es ja nahezu wörtlich auch diesem Kongreß zu Grunde gelegt, unser Programm gehe aber in seinem ersten Theil noch weiter, indem es das Internationale Programm in schärfster Fassung enthalte und klar und scharf seine Stellung auch zum bestehenden Staat formulire. Die „Volkspartei" sei insofern mit uns einverstanden, als sie unsere politischen Forderungen und auch einige unserer sozialen (Normalarbeitstag, Verbot der Kinderarbeit) in ihrem Programm habe, also ein gewisses Stück Weg neben uns hergehe. Sie in den Punkten zu bekämpfen, in denen sie gleicher Meinung mit uns sei, sei Thorheit, selbst= verständlich würden wir ihr aber überall da entgegentreten, wo Differenzen zwischen ihr und uns beständen, also vorzugsweise auf dem sozialen Gebiet. Die Volkspartei sei, das müßten wir genauer als jeder Andere, eine Partei, die aus verschiedenen Elementen zusammengesetzt sei. Sie bestehe aus großdeutschen konstitutionellen Monarchisten, bürgerlichen Republikanern und einer kleinen Zahl von Leuten, welche im Wesentlichen auch unser soziales Programm anerkennen, letztere seien indeß sehr in der

Minderheit. Einig sei die Volkspartei in dem Kampfe gegen die großpreußischen Tendenzen, den Militarismus und Cäsarismus und bekämpfe von diesem Standpunkte aus mit uns auch die uns feindlich gesinnte Fortschritts- und nationalliberale Partei. Wir ständen also zu der Volkspartei in keinem andern Verhältniß, als es sich aus der Natur der beiderseitigen Standpunkte von selbst ergebe. Habe doch Lassalle dasselbe der Arbeiterpartei gegenüber der Fortschrittspartei im Jahre 1863 angerathen, ja Lassalle habe sogar an mehreren Stellen seiner Schriften über „Verfassungs-wesen" sich selbst als Mann der Volkspartei bezeichnet. Ebenso haltlos wie die beständigen Vorwürfe über unser Verhalten zur Volkspartei seien die Einwendungen gegen unsere Organisation. Lebten wir in Teutschland in einem freien Staat, dann verstünde sich von selbst, daß wir nur praktische Gründe bei Entwerfung einer Organisation im Auge zu behalten hätten. Teutschland sei aber kein Freistaat, sondern bestehe aus Staaten, die zum größten Theil sehr reaktionär seien, und in denen die Macht der Gesetze sich unliebsamen Volksorganisationen sehr fühlbar mache. Die Auflösung des Allgemeinen Teutschen Arbeitervereins in Sachsen, die Schließung der vielen Gemeinden in Preußen, der Beschluß des preußischen Obertribunals gegen den schleswig-holsteinischen Wahlverein, der eine ähnliche Organisation gehabt habe, wie der Allgemeine Teutsche Arbeiterverein, die neuesten Vorgänge in Bayern bewiesen, wie das Gesetz jederzeit die Organisation vernichten könne. Hätte Schweitzer die Urtheile der Untergerichte über seinen Verein durch alle Appell-Instanzen verfolgt, das Obertribunal hätte zweifellos die Organisation als ungesetzlich anerkannt und wäre damit das Verbot des Vereins für Preußen ausgesprochen worden. Schweitzer habe sich davor gehütet, und wenn sein Verein dennoch existire, dann habe er dies einzig und allein der Gunst zu verdanken, deren er sich notorisch von Seiten des Berliner Polizeipräsidiums und der Regierung zu erfreuen habe. Wir müßten eine Organisation schaffen, die mit der Einheitlichkeit zugleich die formelle Unabhängigkeit der Parteimitglieder an den einzelnen Orten vor dem Gesetz unmöglich mache. Die Einheitlichkeit der Partei sei gewahrt in dem von der Partei gewählten und in seinen Machtbefugnissen scharf begrenzten und zugleich kontrollir-baren Partei-Ausschuß, wodurch jede „Führerschaft" beseitigt und der Herrschaft einer einzelnen Person ein für alle Mal ein Ende gemacht sei; ferner in regelmäßigen Steuern, die monatlich jedes Parteimitglied zu leisten; und endlich in dem Partei-Organ, das Eigenthum der Partei sei, zu Privatzwecken also nicht benutzt werden könne. Durch diese Einrichtungen sei also die Möglichkeit einer kräftigen Agitation zur Verbreitung der Partei und die Geltendmachung des Parteiwillens in allen Fragen gegeben. In

den Lokalfragen könnten die Parteigenossen die Partei-Angelegen=
heiten in der ungehindertsten Weise besprechen und die lokale
Agitation betreiben, ohne daß das Gesetz eingreifen könne. Daß
die von uns angenommene Organisation wirklich und nicht blos
in der Einbildung gut sei, beweise, daß trotz aller Verfolgungen,
welche die Partei vom ersten Tage ihres Bestehens zu erdulden
gehabt habe, die Organisation noch nicht angetastet worden sei,
weil man es einfach nicht könne. Mit einer Organisation, wie sie
der Allgemeine Teutsche Arbeiterverein habe, würden wir längst
zu Grunde gerichtet worden sein. Habe doch das preußische
Obertribunal im Februar des vorigen Jahres gegen den schleswig=
holsteinischen Wahlverein, der ähnlich wie der Allgemeine Teutsche
Arbeiterverein organisirt war, ein verurtheilendes Erkenntniß gefällt.

Habe die Polizei das Urtheil des Obertribunals auf den
Allgemeinen Teutschen Arbeiterverein nicht angewandt, so kenn=
zeichne das mehr als alles Andere das gute Einvernehmen des
Chefs des Allgemeinen Teutschen Arbeitervereins mit der preußischen
Polizei. Wir hätten uns einer solchen Gönnerschaft nicht zu er=
freuen, wollten sie auch nicht haben, müßten also unsere Organi=
sation so einrichten, daß sie gegen polizeiliche Uebergriffe sicher
sei. Die Form sei übrigens für uns Nebensache, die Hauptsache
sei das Prinzip und seine Anwendung. Wir gehörten nicht zu
Denen, die als echte Orthodoxe die äußere Form über die Sache
setzten, wir hielten die Organisation keineswegs für unverbesserlich.
Jedes Mitglied der Partei könne seinen Einfluß für Aenderung
derselben geltend machen, und gelänge es ihm, die Majorität
hierfür zu gewinnen, dann sei der Wille derselben entscheidend;
die ganze Verfassung der Partei sei mit einem Worte de=
mokratisch.

Neff fragte mich, nachdem ich geendet, ob ich Bedingungen
für den Eintritt in die Partei zu stellen habe. Ich verneinte
dies, da der Eintritt einfach auf Grund der bestehenden Organi=
sation und des Programms zu geschehen habe. Franz schlug
hierauf vor, die Sitzung zu vertagen und um halb 3 wieder zu
beginnen. Das geschah. Bei Wiedereröffnung der Sitzung ergriff
Franz das Wort, um im Einverständniß mit den Delegirten von
Würzburg, Augsburg und München zu erklären, daß sie sich nicht
entschließen konnten, der Partei beizutreten. Prinzipielle Gründe
seien es nicht, sondern mehr formelle. Zunächst könne er sich nicht
mit unserer Haltung gegen die Volkspartei einverstanden erklären.
Die Volkspartei müsse nicht nur wie jede andere Bourgeoispartei,
sondern noch heftiger als alle anderen bekämpft werden, da sie
für die Arbeiter die gefährlichste sei in Folge ihres radikalen
Programms. Auch gebe es in unserer Partei noch verschiedentliche
Bourgeois=Elemente. (Ich will hier bemerken, daß nach bereits

am Vormittag gefallenen Aeußerungen jeder sogenannte „Nicht=
arbeiter" als nicht zur Partei gehörig betrachtet werden sollte.¹)
Ferner gefalle ihnen unsere Organisation nicht, sie wollten die
Lassalle'sche Organisation, wenn auch in veränderter Form, bei=
behalten. Die gesetzlichen Bedenken könnten sie nicht theilen, um
so weniger, da sie in nächster Zeit ein besseres Vereinsgesetz in
Bayern erwarten dürften. Aehnlich sprachen sich mehrere andere
Delegirte aus. Ich ergriff wiederholt das Wort und widerlegte
die aufgestellten Bedenken, sah aber sehr bald ein, daß alles
Reden unnütz sei, da man einmal fest entschlossen war, eine
vierte Arbeiterfraktion mit dem ganzen bureaukratischen Apparat
einer solchen zu konstituiren. Ich erklärte, daß ich mein Mandat
als erledigt betrachte und an den öffentlichen Verhandlungen nur
insofern noch theilnehmen würde, um eine Erklärung über meine
Stellung zu dem Kongreß abzugeben.

Als kurz darauf die öffentliche Versammlung wieder aufge=
nommen wurde, ergriff ich zunächst das Wort und legte in ähn=
licher Weise wie oben angeführt, die Gründe dar, die mich ver=
hinderten, weiter an den Verhandlungen mich zu betheiligen.
Zugleich benutzte ich diese Gelegenheit, um nochmals öffentlich
die Vorurtheile entschieden zurückzuweisen, die noch als Erbstück
Schweitzer'scher Erziehung gegen unsere Partei in der Versammlung
vorhanden sein möchten. Nachdem ich geendet, zog ich mein
Mandat zurück und verließ mit unsern Parteigenossen den Saal.

War die mir offiziell übertragene Mission auch als gescheitert
zu betrachten, so habe ich dennoch die moralische Ueberzeugung
von Augsburg mitgenommen, daß die Masse der Arbeiter es müde
ist, sich kleinlicher persönlicher oder formeller Bedenken wegen
gegenseitig in die Haare zu gerathen. Die Arbeiter begreifen,
daß nur in festem Zusammenhalten, in der Vereinigung aller
Kräfte, die Gewähr des Sieges für sie liegt, und ich müßte mich
sehr täuschen, wenn nicht trotz der jetzt konstituirten vierten sozial=
demokratischen Fraktion der Zeitpunkt sehr nahe herangekommen
wäre, wo der vollständige Eintritt in die sozialdemokratische
Arbeiterpartei stattfinden wird.

Dieselbe moralische Ueberzeugung habe ich von München mit=
genommen, wo ich auf Wunsch unserer Parteigenossen Montag,
den 24. Januar, einer öffentlichen Sitzung des sozialdemokratischen
Arbeitervereins beiwohnte, die von über 400 Personen besucht,
Anhänger aller Arbeiterfraktionen umfaßte. Die auf meinen
Vortrag erfolgenden Entgegnungen förderten zwar in der Haupt=
sache dieselben Einwendungen zu Tage, wie der Augsburger
Kongreß, es zeigte sich aber auch, daß, während man gegen unsere
Partei mehr formelle Bedenken hatte, die Vertreter der anderen
Fraktionen sich nicht wenig über die Führerschaft in die Haare

geriethen. Der Popanz, den Schweizer-Haßfeldt-Mende gegen unsere Partei seit Jahren ihren Anhängern eingebläut, er ist, wie die Herrschaften mit Schrecken beobachten werden, im Schwinden, die Einigung aller klar denkenden Arbeiter nur noch eine Frage der Zeit.

Leipzig, den 28. Januar 1870.   B e b e l.

13.
Manifest des Zentralkomitees der Internationalen Friedens- und Freiheitsliga.
Aus dem „Volksstaat" 1870.

(Siehe Seite 392.)

Der Friede Europas ist von Neuem durch monarchischen Hader und dynastische Eifersucht gestört.

Weil die provisorische Regierung von Spanien nach einem König sucht, weil die Familie der Hohenzollern derselben den Kandidaten, welchen sie anderwärts nicht hat finden können, verschaffen wollte und weil die Dynastie der Bonaparte in dieser Kandidatur einen Versuch zur Aufrichtung des Thrones Karls des Fünften zu erkennen glaubte, oder vielmehr weil sie für ihre Existenz gegenüber den freiheitlichen Bestrebungen des eigenen Landes diese Gelegenheit zur Herstellung des Uebergewichts durch Waffengewalt hat benutzen wollen, sollen zwei Völkern, das deutsche und französische, diese großen Agenten der europäischen Zivilisation, auf dem Schlachtfelde zum Ruhm ihrer Monarchen gegeneinander geführt werden. Noch am Vorabende in tiefster Ruhe und gegenseitigen freundschaftlichen Gesinnungen, befinden sie sich plötzlich durch das Geheiß ehrgeiziger Fürsten inmitten eines furchtbaren Krieges.

Die vor drei Jahren in einer ähnlichen Krisis, welche Teutschland und Frankreich in gegenseitigen Kampf zu stürzen drohte, gegründete Internationale Friedens- und Freiheitsliga kann sich Angesichts eines solch' schrecklichen Ereignisses nicht ruhig verhalten.

Das Zentralkomitee hat nicht gleich bei dem Beginn des Konflikts seine Stimme vernehmen lassen, weil es sich nicht denken konnte, daß ein diplomatischer Konflikt in die Ungeheuerlichkeit eines Krieges zwischen Teutschland und Frankreich ausarten werde, um so weniger, als ja der spanische Thronkandidat von seiner Bewerbung zurückgetreten ist. Nichtsdestoweniger hat man den Krieg erklärt. Jetzt können und dürfen wir nicht mehr schweigen.

Das so plötzlich mit kalter Berechnung gewaltsam herbeigeführte Unglück beweist in schlagendster Weise die Wahrheit der Prinzipien, welche unsere Liga seit Jahren geltend zu machen sucht.

So lange die Völker das monarchische, auf ihre Kosten unter= haltene Regiment zu erdulden fortfahren, kann zwischen ihnen der Friede nicht gesichert sein.

Ehrgeiz und dynastische Eifersucht, stehende Armeen im Dienste der Monarchen, und das Recht der Fürsten, nach Gut= befinden Krieg zu erklären — kann dies Alles zu etwas Anderem führen als eben zum Krieg? Der Krieg, welcher Europa in ein Blutbad zu stürzen und zu verwüsten beginnt, entspringt aus keiner andern Ursache. Werden die Völker endlich diese furchtbare Lehre begreifen?

In der Erwartung, daß sich die Völker einmal zu ihrer Be= freiung ermannen und unter sich jedweden Krieg durch eid= genössische Verbindung unmöglich machen werden, müssen wir im Namen der Humanität, im Namen der Zivilisation, im Namen der heiligsten Prinzipien und der berechtigtsten Interessen gegen diesen Bruderkampf protestiren, welcher Europas Boden abermals mit Blut bedeckt, Tod, Trauer und Verwüstung verbreitet, den Fortschritt der Ideen internationaler Verbrüderung, dieser glor= reichen Errungenschaft des modernen Geistes, hemmt, das Wenige der von den Völkern erhaltenen und errungenen Freiheiten zer= stört, die Arbeit unterbricht und die Last des Elends erhöht, mit einem Worte, welcher noch einmal das 19. Jahrhundert in die Barbarei zurückwirft.

Trotz der aufgeregten Leidenschaften, welche der Krieg bei den kämpfenden Nationen selbst in dem Falle, daß er nur durch den Willen und das Interesse der Fürsten heraufbeschworen wurde, erzeugen wird, hoffen wir, daß unsere Protestation ein Echo in dem Herzen und Geiste aller Derer finden werde, welche sich nicht zu unterthänigen Werkzeugen des Despotismus her= geben oder welche sich nicht durch einen veralteten Chauvinismus hinreißen lassen. Wir zweifeln nicht daran, daß auch sie Legion bilden und daß ihnen selbst in dieser traurigen Zeit das letzte Wort bleiben wird.

Demzufolge ist im Einklange mit dem betreffenden, zu Bern vor zwei Jahren gefaßten Beschlusse die Internationale Friedens= und Freiheitsliga auf Sonntag, den 24. Juli nach Basel (Saal Spitz an der Rheinbrücke) zu einem außerordentlichen Kongresse berufen.

Genf, 15. Juli 1870.

Für das Zentralkomitee:

Jules Barni (Franzose), Präsident.

Amand Goegg (Deutscher), Vizepräsident.

John Rollanday (Schweizer), Generalsekretär.

14.

An die Parteigenossen.

Aus dem „Volksstaat" 1870.

(Siehe Seite 363.)

Der jetzige unglückselige Krieg lastet schwer auf unserer Partei. Nicht allein, daß Tausende unserer Mitkämpfer ihr Brod verlieren, fast ebenso viele müssen in dem bunten Rocke an die Grenzmarken Deutschlands ziehen, um bonapartistischen Frevelmuth zu brechen.

Wenn unter diesen Umständen unser Organ den früheren Abonnentenstand nicht ganz erreichte, auch die Mittel der Partei spärlicher fließen als sonst, so ist das erklärlich. Wir aber sind dadurch in die traurige Lage versetzt, unserem Blatte nicht mehr so wie erforderlich beispringen zu können. Unser „Volksstaat" aber muß unter allen Umständen erhalten bleiben. Zu dem Ende werden wir die irgend möglichen Ersparnisse eintreten und vom 1. August ab das Blatt zwar nach wie vor zweimal wöchentlich, aber nur in der Stärke eines halben Bogens er= scheinen lassen. Trotz der Versicherungen bezahlter Fürstenknechte blüht uns und unseren Parteigenossen — zur Ehre der Partei — auf dem Felde der geheimen Fonds kein Weizen. Das zwingt unsere Partei, sich nach der Decke zu strecken; aber wir thun dies ungebeugt und stolzen Herzens. Kann doch unsere Partei von sich selber und von ihren Gliedern sagen, daß das, was sie thun, nur gethan wird in reinster Hingabe an die Sache, der wir Alle dienen. In diesem Gedanken werden wir die Verkleinerung des Blattes als ein unvermeidliches Uebel gern ertragen. Aber auch so bedarf die Partei der fortgesetzten treuesten Hingabe aller ihrer Genossen. Wenn jetzt der Kriegsruf durch die Lande tönt, der wilde Ruf des Hasses und der Rache, ist es unsere Pflicht, das Schifflein der Partei wohlbehalten durch die brandenden Wogen zu steuern, damit es nicht zum Wrack werde, sondern jeden Augenblick im Stande ist, die froh begonnene Fahrt nach der „besseren Zukunft" fortzusetzen.

Parteigenossen! Thut in dieser für die Existenz der Partei so schweren Zeit Eure volle Pflicht! Wir müssen auf Eure fortgesetzte energische Hilfe zählen; das Interesse der Partei erfordert es gebieterisch!

Euer Ausschuß dagegen wird seine volle Pflicht gegen die Partei zu thun sich bemühen. Mit Ruhe, Besonnenheit und Hin= gabe an die Sache, aber auch mit Ernst und Entschiedenheit werden wir das Steuer der Partei zu führen suchen.

So lange ein böser Geist die Soldaten Frankreichs an Napoleon's Fersen heftet und unsere deutschen Marken mit Krieg und Verwüstung bedroht, werden wir mit aller Entschiedenheit die Unantastbarkeit des deutschen Bodens gegen napoleonische und jede andere Willkür vertheidigen helfen. Auch das Streben des deutschen Volkes nach Erringung der nationalen Einigkeit ist berechtigt; haben sich die Deutschen bei der augenblicklichen gemeinsamen Gefahr wie ein Mann zusammengeschaart, so wird der gemeinsame Kampf das Band fester und fester schließen, und vielleicht ersteht aus den großen Wirren von heute zu unserer aller Freude in nächster Zukunft der deutsche Staat.

Unsere Aufgabe ist es, bei der Geburt dieses, so hoffen wir, ganz Deutschland umfassenden Staates bestimmend mitzuwirken, damit, wenn es möglich ist, nicht der dynastische Staat, sondern der sozialdemokratische Volksstaat ins Dasein tritt; unsere Aufgabe ist es, — mag der gewordene neue Staat bei der Geburt noch dynastische Färbung tragen — ihm in ernstem, schwerem Kampfe den Stempel unserer Ideen aufzudrücken!

Wenn, so hoffen wir, Begeisterung und Muth unsere deutschen Brüder bald zum Siege führen, da ist es ferner unsere Pflicht, uns nicht berauschen zu lassen von dem Siegestaumel, der so leicht der Menschen Geister berückt, sondern eingedenk dessen zu sein, daß wir nicht nur Teutsche sind und nicht nur Teutschland freiheitlich einigen wollen, sondern daß unsere französischen Nachbarn, daß alle Völker der Erde unsere Brüder sind, mit denen gleiches Loos und gleiches Streben uns einen. Und wenn auch jetzt, von unserem Segen und unseren Wünschen begleitet, die deutschen Krieger hinausziehen müssen zum Kampf gegen die Söldnerschaaren des französischen Kaisers, so darf dennoch nie der Haß unser Herz erfüllen gegen die französischen Arbeiter, gegen die französische Nation! Mit ihnen gemeinsam haben wir dann und, so hoffen wir, bald wieder die Fahne des Proletariats, die rothe Fahne voranzutragen und — jede Gemeinschaft mit anderen Parteien weit von uns weisend — erneut den Kampf aufzunehmen für die heiligen Prinzipien der Demokratie und des Sozialismus.

Trauernd senkt heute der Genius der internationalen Verbrüderung der arbeitenden Völker seine Fackel zur Erde; trauernd sehen wir von zwei Brudervölkern das Schwert gegen einander gezückt. Aber so gewiß wir nicht die leiseste Schuld tragen an diesem unseligen Kriege und so gewiß die Schuldigen die Strafe ereilen wird, so gewiß haben wir als Teutsche für Teutschland einzustehen und so gewiß haben wir — trotz aller Berechtigung, mit der wir die Gründung des einen deutschen Staates erhoffen — die ernste Pflicht, uns rein zu halten von jedem Uebermaß von Nationalgefühl und uns kräftig zu erhalten für den höheren, für den glorreicheren gemeinsamen Kampf aller

Unterbrückten der Erde. Ist in Napoleon unser gefähr=
lichster Gegner besiegt, so wird das französische Volk freier auf=
athmen und dann haben auch wir die Machthaber in unserem
Vaterlande daran zu erinnern, was dem Volke von Gottes
und Rechts wegen gebührt und was zu fordern die un=
endlichen Opfer und Qualen des Krieges es doppelt
und dreifach berechtigen. Dann sammelt das Proletariat in
allen Ländern seine Krieger wieder unter seine Fahne, und wenn
dann ein lustiger Trommelschlag ertönt, so wird es der unseres
Jahrhunderts würdigere Trommelschlag sein der um ihre Be=
freiung aus den Banden der Säbelherrschaft und des Geldsacks
ringenden Arbeiter.

Ist die Partei mit uns nicht einverstanden, so bitten wir,
mit derselben Entschiedenheit gegen uns vorzugehen (Kontroll=
kommission), mit welcher wir diesem unserem Leitsterne folgen
werden, der nach unserer Ueberzeugung allein das Schifflein der
Partei durch alle Fährlichkeiten glücklich hindurchführen wird.

Parteigenossen! Haltet in schwerer Zeit wacker zusammen und
vergeßt nicht die Pflicht gegen die Partei!

Es lebe Teutschland!

Es lebe der internationale Kampf des Proletariats!

Braunschweig=Wolfenbüttel, 24. Juli 1870.

Der Ausschuß.

15.

Beschlüsse der Delegirten-Konferenz der Inter-
nationalen Arbeiter-Assoziation,

abgehalten zu London vom 17. bis 23. September 1871.

Aus dem „Volksstaat" 1871.

(Siehe Seite 435.)

I. Zusammensetzung des Generalraths.

Die Konferenz ersucht den Generalrath, die Anzahl der Mit=
glieder, die er sich selbst beifügt, zu beschränken und vorzusehen,
daß sie nicht zu ausschließlich einer und derselben Nationalität
angehören.

II. Benennungen der nationalen Räthe, lokalen Zweige,
Sektionen, Gruppen und ihrer Komitees.

1. Gemäß Beschlusses des Baseler Kongresses, 1867, haben
die Zentralräthe der Länder, wo die Internationale regelmäßig
organisirt ist, sich in Zukunft zu bezeichnen als Föderalräthe
oder Föderalkomitees, mit Beifügung der Namen ihrer

respektiven Länder. Die Bezeichnung Generalrath ist dem Zentralrath der Internationalen Arbeiter-Assoziation vorbehalten.

2. Alle lokalen Zweige, Sektionen, Gruppen und deren Komitees sollen sich in Zukunft einfach und ausschließlich bezeichnen und konstituiren als Zweige ꝛc. ꝛc. der Internationalen Arbeiter-Assoziation, mit Beifügung der Namen ihrer bezüglichen Oertlichkeit.

3. Demgemäß ist es den Zweigen, Gruppen und deren Komitees von nun an untersagt, Sektennamen anzunehmen, z. B. die Namen Positivisten, Mutualisten, Kollektivisten, Kommunisten u. s. w., oder Sonderkörper zu bilden, welche unter Bezeichnungen, wie: Propagandasektionen u. s. w., eine besondere von den gemeinsamen Zwecken der Assoziation verschiedene Mission sich zuschreiben.

4. Art. 1 und 2 finden jedoch keine Anwendung auf die mit der Internationalen verbündeten Gewerksgenossenschaften.

III. Delegirte des Generalraths.

Alle vom Generalrath zu bestimmten Sendungen ernannte Delegirte haben das Recht, den Versammlungen der Föderalräthe oder Komitees, der Distrikt- und Lokalkomitees und Zweige beizuwohnen und daselbst gehört zu werden, ohne jedoch Stimmrecht zu haben.

IV. Beitrag von einem Penny (Groschen) per Mitglied an den Generalrath.

1. Der Generalrath wird anheftbare Marken, wovon jede den Werth eines Penny vorstellt, drucken und in der verlangten Anzahl jährlich den Föderalräthen oder -Komitees zukommen lassen.

2. Die Föderalräthe oder -Komitees werden den Lokalkomitees und in deren Abwesenheit den lokalen Zweigen eine der Anzahl ihrer Mitglieder entsprechende Anzahl von Marken übermachen.

3. Diese Marken sind alsdann auf das Exemplar der Statuten anzuheften, welches jedes Mitglied zu besitzen gehalten ist.

4. Am 1. März jedes Jahres haben die Föderalräthe oder Komitees der verschiedenen Länder den Erlös aus den verkauften Marken dem Generalrath zu übermachen und zugleich die unverkauften Marken zurückzusenden.

5. Diese Marken, die den Werth der Einzelbeträge vorstellen, tragen das Datum des laufenden Jahres.

V. Bildung weiblicher Sektionen.

Die Konferenz empfiehlt die Bildung weiblicher Zweiggesellschaften innerhalb der Arbeiterklasse. Dieser Beschluß richtet sich selbstredend nicht gegen die Zusammensetzung von Zweiggesellschaften aus Arbeitern und Arbeiterinnen.

VI. Allgemeine Statistik der Arbeiterklasse.

1. Die Konferenz beauftragt den Generalrath, Art. 5 der Original-Statuten, soweit er sich auf eine allgemeine Statistik der Arbeiterklasse bezieht, in Kraft zu setzen, ebenso wie die Beschlüsse des Genfer Kongresses (1866) über denselben Gegenstand.

2. Jede lokale Gruppe ist verpflichtet zur Ernennung eines besonderen statistischen Komitees, damit sie stets, soweit ihre Mittel es gestatten, bereit sei, vom Föderalrath ihres Landes oder vom Generalrath gestellte Fragen zu beantworten. Die Konferenz empfiehlt allen Gruppen, den Sekretären der statistischen Komitees eine Vergütung zukommen zu lassen, in Anbetracht der allgemeinen Nützlichkeit ihres Werkes für die Arbeiterklasse.

3. Am 1. August jedes Jahres sollen die Föderalräthe oder -Komitees das in ihren bezüglichen Ländern gesammelte Material dem Generalrath übersenden. Letzterer wird dasselbe seinerseits zu einem allgemeinen Bericht verarbeiten, der den jährlich im September stattfindenden Kongressen oder Konferenzen vorzulegen ist.

4. Gewerksgenossenschaften und internationale Zweige, welche die verlangte Auskunft verweigern, sind dem Generalrath zur weiteren Beschlußnahme anzuzeigen.

VII. Internationale Beziehungen der Gewerksgenossenschaften.

Die wachsende Tendenz der Gewerksgenossenschaften jedes Landes, sich mit den Genossenschaften desselben Gewerks in allen andern Ländern in Verbindung zu setzen, wird der Generalrath wie bisher unterstützen. Seine Wirksamkeit als internationaler Vermittler zwischen den nationalen Gewerksgenossenschaften hängt wesentlich von dem Beistand ab, den diese Gesellschaften selbst dem von der Internationalen unternommenen Werk einer allgemeinen Arbeiterstatistik angedeihen lassen.

Die Vorstände der Gewerksgenossenschaften aller Länder werden ersucht, den Generalrath über die Adressen ihrer bezüglichen Geschäftslokale unterrichtet zu halten.

VIII. Ackerbauer.

1. Die Konferenz ersucht den Generalrath und die Föderalräthe und -Komitees, für den nächsten Kongreß Berichte vorzubereiten über die geeigneten Mittel zur Sicherung des Anschlusses der Ackerbauer an die Bewegung des industriellen Proletariats.

2. Inzwischen werden die Föderalräthe oder -Komitees ersucht, Delegirte in die ländlichen Distrikte zu schicken, um dort öffentliche Versammlungen abzuhalten, die Prinzipien der Internationalen zu verbreiten und ländliche Zweiggesellschaften zu stiften.

IX. Politische Wirksamkeit der Arbeiterklasse.

In Erwägung,

Daß es im Eingang der Statuten heißt: „Die ökonomische Emanzipation der Arbeiterklasse ist der große Endzweck, dem jede politische Bewegung unterzuordnen ist als Mittel";

Daß die Inaugural-Adresse der Internationalen Arbeiter-Assoziation (1864) besagt: „Die Herren des Grund und Bodens und die Herren des Kapitals werden ihre politischen Vorrechte stets ausbeuten zur Vertheidigung und Verewigung ihrer ökonomischen Monopole. So weit davon entfernt, die politische Emanzipation der Arbeiter zu fördern, werden sie fortfahren, ihr jedes mögliche Hinderniß in den Weg zu legen. . . . Die Eroberung der politischen Macht ist daher zur großen Pflicht der Arbeiterklasse geworden";

Daß der Kongreß von Lausanne (1867) erklärt hat: „Die soziale Emanzipation der Arbeiter ist untrennbar von ihrer politischen Emanzipation";

Daß die Erklärung des Generalraths über das angebliche Komplott der französischen Internationalen am Vorabend des Plebiszits (1870) folgende Stelle enthält: „Nach dem Wortlaut unserer Statuten haben alle unsere Zweige in England, auf dem Kontinent und in Amerika unzweifelhaft die ausdrückliche Aufgabe, nicht nur Mittelpunkte für die streitbare Organisation der Arbeiterklasse zu bilden, sondern in ihren bezüglichen Ländern ebenfalls jede politische Bewegung zu unterstützen, die zur Erreichung unseres Endziels dient — der ökonomischen Emanzipation der Arbeiterklasse";

Daß falsche Uebersetzungen der Originalstatuten Mißdeutungen veranlaßt haben, die der Entwicklung und der Wirksamkeit der Internationalen Arbeiter-Assoziation schädlich waren;

In Anbetracht ferner:

Daß die Internationale einer zügellosen Reaktion gegenübersteht, welche jedes Emanzipationsstreben der Arbeiter schamlos niederdrückt und durch rohe Gewalt den Klassenunterschied und die darauf gegründete politische Herrschaft der besitzenden Klassen zu verewigen sucht;

Daß die Arbeiterklasse gegen diese Gesammtgewalt der besitzenden Klassen nur als Klasse handeln kann, indem sie sich selbst als besondere politische Partei konstituirt, im Gegensatz zu allen alten Parteibildungen der besitzenden Klassen;

Daß diese Konstituirung der Arbeiterklasse als politische Partei unerläßlich ist für den Triumph der sozialen Revolution und ihres Endziels: Abschaffung der Klassen;

Daß die Vereinigung der Einzelkräfte, welche die Arbeiterklasse bis zu einem gewissen Punkt bereits durch ihre ökonomischen

Kämpfe hergestellt hat, auch) als Hebel für ihren Kampf gegen die politische Gewalt ihrer Ausbeuter zu dienen hat; —

Aus diesen Gründen erinnert die Konferenz alle Mitglieder der Internationalen:

Daß in dem Kampfzustand der Arbeiterklasse ihre ökonomische Bewegung und ihre politische Bethätigung untrennbar verbunden sind.

X. Allgemeiner Beschluß betreffend die Länder, wo die regelmäßige Organisation der Internationalen Arbeiter-Affoziation durch die Regierungen verhindert wird.

In den Ländern, wo die regelmäßige Organisation der Internationalen Arbeiter-Affoziation in Folge von Regierungseinmischung augenblicklich unausführbar ist, kann die Affoziation resp. ihre lokalen Gruppen sich unter irgend welchen anderen Benennungen rekonstituiren. Alle eigentlich sogenannten geheimen Gesellschaften sind und bleiben jedoch förmlich ausgeschlossen.

XI. Beschlüsse über Frankreich.

1. Die Konferenz spricht ihre feste Ueberzeugung aus, daß alle Verfolgungen die Energie der Anhänger der Internationalen nur verdoppeln und daß die Zweige fortfahren werden, sich zu organisiren, wo nicht in großen Zentren, doch mindestens nach Werkstätten und Verbindungen von Werkstätten, die sich durch ihre Telegirten miteinander in Verbindung setzen.

2. Die Konferenz fordert daher alle Zweige auf, in der Verbreitung unserer Prinzipien in Frankreich unermüdlich fortzufahren und in ihr Land eine möglichst große Anzahl der Druckschriften und Statuten der Internationalen einzuführen.

XII. Beschluß über England.

Der Generalrath wird die englischen Sektionen in London auffordern, ein Föderalkomitee für London zu bilden. Sobald daselbe von den Zweigen in den Provinzen und von den verbündeten Gewerksgenossenschaften anerkannt sein wird, wird der Generalrath es als den Föderalrath für England bestätigen.

XIII. Besondere Beschlüsse der Konferenz.

1. Die Konferenz billigt die Beifügung der Flüchtlinge der Kommune, welche der Generalrath in seinen Schooß aufgenommen hat.

2. Die Konferenz erklärt, daß die deutschen Arbeiter während des französisch-deutschen Krieges ihre Pflicht erfüllt haben.

3. Die Konferenz dankt den Mitgliedern der spanischen Föderation für die Vorlage ihrer Denkschrift über die Organisation der Internationalen, die einen abermaligen Beweis ihres Eifers für unser Gesammtwerk bietet.

4. Der Generalrath wird sofort eine förmliche Erklärung veröffentlichen des Inhalts, daß die Internationale Arbeiter-Assoziation durchaus nichts zu schaffen hat mit der sogenannten Verschwörung des Netschajeff, der ihren Namen betrügerisch usurpirt und ausgebeutet hat.

XIV. Instruktion für den Delegirten Outine.

Der Delegirte Outine wird ersucht, einen gedrängten Bericht über den Prozeß Netschajeff nach den russischen Quellen in der Genfer Egalité zu veröffentlichen. Dieser Bericht ist vor der Veröffentlichung dem Generalrath mitzutheilen.

XV. Berufung des nächsten Kongresses.

Die Konferenz überläßt es der Entscheidung des Generalraths, je nach den Ereignissen die Zeit und den Ort des nächsten Kongresses oder der ihn etwa ersetzenden Konferenz, zu bestimmen.

XVI. Alliance de la Démocratie Socialiste.*)

In Erwägung:

Daß die Alliance de la Démocratie Socialiste sich selbst für aufgelöst erklärt hat (siehe den Brief des Sekretärs der Alliance, N. Joukowsky, an den Generalrath, datirt 10. August 1871);

Daß die Konferenz in ihrer Sitzung vom 18. September (siehe Nr. II. dieses Zirkulars) beschlossen hat, daß alle bestehenden Organisationen der Internationalen, übereinstimmend mit dem Buchstaben und dem Geist der allgemeinen Statuten, sich fernerhin einfach und ausschließlich zu bezeichnen haben als Zweige, Sektionen, Föderationen u. s. w. der Internationalen Arbeiter-Assoziation, mit Zufügung des Namens ihrer bezüglichen Oertlichkeit;

Daß es demnach den bestehenden Zweigen und Gesellschaften fernerhin nicht gestattet ist, Sektennamen anzunehmen, wie z. B. Positivisten, Mutualisten, Kollektivisten, Kommunisten ꝛc., oder Sonderkörper zu bilden, welche unter dem Namen von Propaganda-sektionen u. s. w. eine besondere, von den gemeinsamen Zwecken der Internationalen verschiedene Mission sich zuschreiben;

Daß der Generalrath in Zukunft Art. V. der Baseler administrativen Kongreßbeschlüsse des Inhalts: „Der Generalrath hat das Recht, den Anschluß einer neuen Sektion oder Gruppe zuzulassen oder zu verweigern, vorbehaltlich des Appells an den nächsten Kongreß" in diesem Sinne zu deuten und anzuwenden hat.

Erklärt die Konferenz die Frage der Alliance de la Démocratie Socialiste für erledigt.

---

*) Die Bakunin'sche „Allianz der Sozialdemokratie". (1894.)

XVII. Spaltung in dem französisch sprechenden Theil der Schweiz.

1. Die verschiedenen Einwendungen des Föderalkomitees der Jura-Sektionen gegen die Kompetenz der Konferenz werden für unzulässig erklärt. (Vorstehendes ist nur ein Resumee des Art. 1 der in seinem Wortlaut in der Genfer „Egalité" abgedruckt ist.)

2. Die Konferenz billigt den Beschluß des Generalraths vom 29. Juni 1870.

Außerdem aber, in Anbetracht der Verfolgungen, denen die Internationale gegenwärtig ausgesetzt ist, ruft die Konferenz den Geist der Solidarität und der Einigkeit an, der jetzt mehr als je die Arbeiter durchdringen sollte. Sie ertheilt den braven Arbeitern der Jura-Sektionen den Rath, sich den Sektionen der romanischen Föderationen wieder anzuschließen. Falls diese Wiedervereinigung nicht thunlich, entscheidet sie, daß die Föderation der ausgetretenen Sektionen den Namen: Föderation des Jura (Fédération Jurassienne) annehmen wird. Sie kündigte ferner an, daß von nun an der Generalrath gehalten sein wird, öffentlich anzuklagen und zu verleugnen alle angeblichen Organe der Internationalen, welche, nach dem Vorgang des Progrès und der Solidarité, in ihren Spalten vor dem Bourgeois-Publikum Fragen besprechen sollten, die nur zur Debatte in den lokalen und föderalen Komitees, im Generalrath oder in den geschlossenen Verwaltungssitzungen der föderalen oder allgemeinen Kongresse geeignet sind.

Anmerkung.

Die nicht für die Oeffentlichkeit bestimmten Beschlüsse der Konferenz werden den Föderalräthen der verschiedenen Länder durch die korrespondirenden Sekretäre des Generalraths mitgetheilt werden.

Im Auftrag und Namen der Konferenz: der Generalrath: R. Applegarth, M. J. Boon, Fred. Bradnick, G. H. Buttery, Delahaye, Eugène Dupont (abwesend als Emissär), William Hales, G. Harris, Hürlimann, Jules Johannard, Fred. Leßner, Lochner, Harriet Law, Charles Longuet, Constant Martin, Zévy Maurice, Henry Mayo, George Milner, Charles Murray, Pfänder, John Roach, Rühl, Sadler, Cowell Stepney, Alfred Taylor, W. Townshend, E. Vaillant, John Weston.

Korrespondirende Sekretäre:

Alfred Hermann für Belgien. — Th. Mottershead, für Dänemark. — Karl Marx, für Deutschland und Rußland. A. Serraillier, für Frankreich. — Ch. Rochat, für Holland. — J. P. Mac Donnell, für Irland. — Friedrich Engels,

für Italien und Spanien. — Leo Frankel, für Oesterreich und
Ungarn. — Walery Wroblewski, für Polen. — Hermann
Jung, für die Schweiz. — J. G. Eccarius, für die Ver-
einigten Staaten. — C. Le Moussu, für die französischen
Sektionen der Vereinigten Staaten.

F. Engels, Vorsitzender. — Hermann Jung, Schatzmeister.
John Hales, Generalsekretär.

256 High Holborn, W. C., London, 17. Oktober 1871.

Für Beglaubigung der Uebersetzung:

Der Sekretär für Deutschland:
Karl Marx.

16.
Eine sozialdemokratische Arbeiterversammlung in Wien.

Aus dem „Demokratischen Wochenblatt" 1869.

(Siehe Seite 436.)

Wien, 25. Juli.*)

In Zobel's Bierhalle fand heute Vormittags eine Volksversammlung der sozialdemokratischen Partei statt, zu der sich
Tausende von Theilnehmern eingefunden. Gegenstand der Tagesordnung war: Bericht über den Stand der sozialdemokratischen
Bewegung in Teutschland und Oesterreich. Herr Hartung, der
die Versammlung eröffnete, wies darauf hin, daß die sozialdemokratische Bewegung sich in Teutschland schon früher Bahn
gebrochen und ungeachtet der Zwistigkeiten in der Partei stetig an
Ausdehnung gewonnen. Der bevorstehende Kongreß in Eisenach
werde den bisher geübten Intriguen die Spitze abbrechen und eine
einheitliche sozialdemokratische Partei schaffen. Redner theilt
nun mit, daß Herr Wilhelm Liebknecht aus Leipzig in der Versammlung anwesend sei und über die Entwicklung der sozialdemokratischen Bewegung in Teutschland das Wort ergreifen werde.
(Stürmischer Beifall.)

Die Versammlung wählte hierauf Herrn Scheu zum Vorsitzenden, nachdem Hartung dieses Amt abgelehnt. Zum Schriftführer wurde Herr Torsch bestimmt.

---

*) Da ein für das „Demokratische Wochenblatt" in Aussicht
gestellter ausführlicher Bericht nicht geliefert wurde, so begnügte sich
das „D. W" mit der Wiedergabe eines Berichts nach der „Neuen
Frankfurter Zeitung".   (1891)

Herr Liebknecht betritt als erster Redner die Tribüne, von stürmischen Hochrufen empfangen. „Arbeiter Wiens" — begann er — „ich bin stolz auf Ihren Empfang und fühle mich glücklich in Ihrer Mitte; ich überbringe Ihnen den Gruß der deutschen Sozialdemokraten, die gleich mir mit Freude die österreichische Arbeiterbewegung verfolgen, die, seit 1½ Jahren meteorgleich hier aufgestiegen, ihren Glanz nach Deutschland hinüberwirft!" Redner beginnt nun mit der Entstehung der sozialdemokratischen Bewegung in Deutschland, mit dem Auftreten Lassalle's im Jahre 1863. Lassalle habe diese Bewegung nicht gemacht, sie war vor ihm in Frankreich, England und hatte auch unter den Arbeitern und Schriftstellern Deutschlands ihre Vertreter. Allein Lassalle gebührt das Verdienst, nach der Kontrerevolution, welche der 1848er Revolution folgte, die Initiative ergriffen zu haben. Er gründete den Allgemeinen Deutschen Arbeiterverein. In dem Moment, als sich die Arbeiterbewegung zu entwickeln begann, starb Lassalle. Sein Tod hatte Zwiespalt in der Partei zur Folge.

Redner kommt nun auf die Gründung des Parteiorgans, des „Sozialdemokrat" in Berlin, zu sprechen. „Der Gründer dieses Organs, Herr v. Schweitzer, wurde bald dem Programme untreu, nicht blos auf sozialem, sondern auch auf politischem Gebiete in schärfster Form die Grundsätze der Sozialdemokratie zu vertreten. Die preußische Regierung wollte die Arbeiterbewegung als Werkzeug für die Knechtung des Staats benutzen und der „Sozialdemokrat" brachte Artikel im Sinne Bismarck's, anstatt, wie es die Parteigenossen verlangten, entschieden vorzugehen gegen die annexionistische, antinationale und antidemokratische Politik Bismarck's. Herr v. Schweitzer hatte sein Ehrenwort gebrochen. In Folge dessen traten Marx, Engels, Herwegh und ich von der Redaktion zurück; die Einigkeit der Partei war ungeachtet aller unserer Bemühungen, sie aufrecht zu erhalten, durch Schweitzer zerstört." Redner erzählt nun von seinen Kämpfen gegen Schweitzer, bei welchen dieser sich des Schutzes der preußischen Polizei zu erfreuen hatte. Er referirte über seine Verbindung mit Bebel, dem Präsidenten des Verbandes deutscher Arbeitervereine, und über einen weiteren Vereinigungsversuch mit Herrn v. Schweitzer. „Schweitzer hat im Frühjahr 1868 versprochen, auf der Generalversammlung seines Vereins das Programm der Internationalen Arbeiter-Assoziation zur Annahme vorzulegen, was er jedoch nicht that. Als aber auf dem Vereinstage des Bebel'schen Verbandes zu Nürnberg das internationale Programm angenommen war und fast gleichzeitig die polizeiliche Auflösung des Allgemeinen Deutschen Arbeitervereins erfolgte,*) so daß nun kein Hinderniß

---

*) Der Allgemeine Deutsche Arbeiter-Verein hatte bis zum Jahre 1868 seinen Sitz in Leipzig und 1865 war Tölke auf der

der Einigung mehr bestand, da erneuerte Herr v. Schweitzer im „Sozialdemokrat" seine Angriffe auf uns und das Nürnberger Programm; und wir mußten neuerdings, wenn auch mit großem Widerstreben, den Kampf mit Herrn v. Schweitzer aufnehmen. Ich sage mit Widerstreben, denn dieser Kampf mußte schlimme Leidenschaften erwecken. Das war aber gerade die Absicht Schweitzer's. Aehnlich wie Bismarck Preußen in den Krieg von 1866 riß, um die innere freiheitliche Bewegung im Lande zu unterdrücken, so hetzte Schweitzer seine Anhänger in den Kampf gegen uns, um die entstehende Reformbewegung im Allgemeinen Deutschen Arbeiter= verein zu ersticken.

„Ich erwähnte eben des schmachvollen Bruderkrieges zwischen Oesterreich und Preußen. Das gesammte preußische Volk protestirte laut gegen diesen Krieg. Allein kraft der Schulregulative, nach welchen in Preußen jedes Kind vom sechsten Jahre an zum könig= lich preußischen Unterthan dressirt, und kraft der Militärverfassung, durch welche fast die Hälfte der männlichen Bevölkerung zu willen= losen Maschinenmenschen herangedrillt wird, gelang es Bismarck, das preußische Volk auf die Schlachtfelder Böhmens zu ziehen. Und als das preußische Volk Pulver gerochen hatte, vergaß es seinen Protest. Das ist ja der Fluch des Krieges, daß er „die Bestie im Menschen" entfesselt. Im Kampfe erwachte die Leiden= schaft, sie gewann die Oberhand über den Verstand. Preußen wurde hierfür schwer gestraft. Aus den blutgetränkten Feldern Sadowas erwuchs für Oesterreich Freiheit, für Preußen Armuth, Knechtschaft, Schmach nach Innen und Außen!" (Unruhe im Hintergrunde des Saales. Eine Stimme: Es sind ein paar Herren da, die die Rede nicht anhören können! Stürmische Rufe: Hinaus mit ihnen!)

Vorsitzender: Wenn diese Herren die Rede nicht anhören könnten, so würden sie sich ja von selbst entfernen müssen; da sie aber hier bleiben, ist dies der beste Beweis, daß sie die Rede an= hören können. (Heiterkeit.)

Liebknecht: Arbeiter Wiens! Man hat mir erzählt, daß es in Wien Leute gebe, die für Bismarck's Politik schwärmen. Ich hielt dies für ein Märchen. Sollte es keines sein? (Bravo.) So wie sich in diesem Kriege Bruderstämme in Haß zerfleischten, so erregte auch der Kampf mit Schweitzer unter den Arbeitern Leidenschaft, Haß, böses Blut und erschwerte die Einigung der Partei. Im März d. J. fand die Generalversammlung des

---

Frankfurter Generalversammlung zum Präsidenten erwählt worden: die Leipziger Polizeibehörde weigerte sich aber, ihn als solchen anzu= erkennen, und löste im September 1868 den Verein auf. Am 10. Oktober 1868 gründete v. Schweitzer einen neuen Allgemeinen Deutschen Arbeiter=Verein mit dem Sitz in Berlin.   (1894.)

Allgemeinen Teutschen Arbeitervereins in Elberfeld statt. Ich
erklärte, ich werde dort mit Bebel erscheinen und beweisen, daß
Schweitzer die Spaltung in der Partei hervorgerufen, daß er für
Bismarck arbeite. Wir hielten unser Wort, begründeten unsere
Anklage und Schweitzer war feige genug, auszuweichen. Zum
Bruch innerhalb des Allgemeinen Teutschen Arbeitervereins kam
es damals noch nicht. Schweitzer vereinigte sich bald darauf mit
der Gräfin Hatzfeldt, um jede Reform des Vereins illusorisch zu
machen. Das alte Vereinsstatut, welches er wiederherstellte, gab
ihm eine diktatorische Gewalt, — eine solche Organisation ist
nicht zu bessern, sie mußte zerstört werden. Alles, was Verstand,
gepaart mit Ehrlichkeit, besaß, trat aus dem Verein aus; dieser
zählt nur wenige Mitglieder mehr, und Herr Schweitzer unterließ
es, anzugeben, mit wie viel Stimmen er in der letzten Versammlung gewählt wurde. Die gegenwärtige Stärke der organi-
sirten sozialdemokratischen Partei ist ungefähr: Der Verband der
deutschen Arbeitervereine zählt 10,000—12,000 Mitglieder, 5000
bis 6000 Mitglieder sind aus dem Allgemeinen Teutschen Arbeiterverein ausgetreten; in der Schweiz haben sich uns 2000 angeschlossen und die Arbeiter Wiens, Oesterreichs halten ebenfalls
zu uns. (Allseitige Zustimmung.) Die Arbeiter aller Länder
führen einen gemeinsamen Kampf; doch ein Schlag, der die
Arbeiter Amerikas, Belgiens, Frankreichs trifft, berührt die
Arbeiter Oesterreichs nicht so hart wie der Schlag, der die
Arbeiter Teutschlands trifft. Denn die Arbeiter Oesterreichs gehören zum deutschen Arbeiterverbande. Die jetzige Aus-
schließung Oesterreichs aus Teutschland ist nur eine
provisorische, vorübergehende. Oesterreich muß wieder
zu Teutschland zurückkehren, aber nicht zu dem Teutschland Bismarck's, sondern zu einem freien, auf demokratischer Grundlage geeinten. Die Einheit kann nur
im freien Teutschland erstehen, ein geeinigtes freies
Teutschland heißt der Sturz Bismarck's und seiner
Politik. Mit den österreichischen Arbeitern stehen wir nicht im
internationalen, sondern gewissermaßen im nationalen Verhältniß:
wir können uns nicht organisiren ohne sie. Die Gesetze verbieten
den direkten Anschluß an die Internationale Arbeiter-Assoziation.
Allein, um Ideen Eingang zu verschaffen, bedarf es keiner Organisation, welche die rohe Hand der Polizei greifen kann. Ideen sind
zollfrei." (Bravo.) Redner theilt nun mit, daß am 6. Juli in
Braunschweig der Beschluß gefaßt wurde, für Anfang August den
Kongreß nach Eisenach einzuberufen, dessen Hauptaufgabe darin
bestehen soll, eine Organisation für die gesammte sozialdemokratische
Partei Teutschlands festzusetzen. Er lade hiermit die öster-
reichischen Arbeiter ein und hoffe, daß sie Delegirte zum
Kongreß entsenden werden.

Der Polizeikommissär macht aufmerksam, daß dies bereits die Tagesordnung überschreite.

Liebknecht: Ich werde soeben aufmerksam gemacht, daß dies nicht zur Tagesordnung gehöre, ich muß mich daher beschränken, Ihnen den Beschluß mitzutheilen und meinen Auftrag, Sie einzuladen. — Man wird am Kongresse die Vereinigung zu hintertreiben suchen. Herr v. Schweitzer schickt Delegirte hin, um Störungen zu verursachen. Gut! Wir werden uns nicht beirren lassen. Wir gehen unseren eigenen Weg. Wer nicht mit uns gehen will, der esse mit Schweitzer die Brosamen vom Tische des preußischen Hofes und drücke die Hand des Bruders des Königs von Preußen!*) (Heiterkeit.) Uebrigens glaube ich gar nicht, daß Herr v. Schweitzer die eigentliche Absicht hat, uns zu überrumpeln, sonst würde er es nicht vier Wochen vorher sagen; er kennt die preußische Polizei genau, besser als ein Demokrat sie kennen soll, und er glaubt, die Polizei sei überall so wie in Preußen, wo sie unbeschadet des bestehenden Vereinsrechts bei voraussichtlichen Ruhestörungen eine Versammlung verbieten kann. Ich bin der festen Ueberzeugung, daß er **durch die angedrohten Ruhestörungen das Verbot des Kongresses erwirken will.** Allein hier macht Herr v. Schweitzer die Rechnung ohne den Wirth. In dem kleinen Thüringen da herrschen ganz eigenthümliche Zustände. Dort giebt es gar kein Vereinsgesetz. Man versammelt sich eben wie man will! (Große Heiterkeit.) Das Volk ist dabei glücklich und es kommen keine Ruhestörungen vor, während in den bestpolizirten Staaten, wie ich gehört habe, Ruhestörungen, selbst sehr blutiger Art, vorkommen sollen. „Die Einigung der Partei wird stattfinden, ruft Redner zum Schluß aus. Denn wo der Wille ist, findet sich auch der Weg." (Die Versammlung bringt stürmische Hochrufe auf den Redner aus.)

...men, so würden ~~he~~ bemerkt mit Rücksicht auf die frühere aber hier bleiben, ist dies des Saales. daß keine Bismärcker hören können. (Heiterkeit.) waren einige

Liebknecht: Arbeiter Wiens! Man hat mir ~~sche~~ Leute. es in Wien Leute gebe, die für Bismarck's Politik schu... Ich hielt dies für ein Märchen. Sollte es keines sein? (Bra... So wie sich in diesem Kriege Bruderstämme in Haß zerfleischten, so erregte auch der Kampf mit Schweitzer unter den Arbeitern Leidenschaft, Haß, böses Blut und erschwerte die Einigung der Partei. Im März d. J. fand die Generalversammlung des

---

Frankfurter Generalversammlung zum Präsidenten erwählt worden; die Leipziger Polizeibehörde weigerte sich aber, ihn als solchen anzuerkennen, und löste im September 1868 den Verein auf. Am 10. Oktober 1868 gründete v. Schweitzer einen neuen Allgemeinen Deutschen Arbeiter-Verein mit dem Sitz in Berlin. (1894.)

kämpfen, ihn von uns zu stoßen, denn er ist ein Bundesgenosse im Kampfe gegen die Bourgeoisie wie gegen das Junkerthum und er ist der Ueberzeugung, daß die politische Freiheitsfrage ohne die soziale Frage nicht gelöst werden kann.

Mühlwasser aus Brünn schildert den Verlauf der dortigen Arbeiterbewegung und der daselbst stattgehabten Exzesse, an denen die deutsche Arbeiterbevölkerung gänzlich unbetheiligt gewesen sei.

Auf eine Anfrage Tauscher's, ob es in Teutschland eine Arbeiterpartei Schulze-Telitzsch gebe, erwidert Liebknecht, daß eine solche nur noch in kleinen Ueberresten vorhanden sei, und daß man am besten den Gegensatz zwischen Schulze-Telitzsch und Lassalle begraben sein lasse. „Die Partei, die uns gefährlich ist, sagt der Redner, verlangt, daß wir mit der preußischen Regierung gehen, daß wir auf Bismarck'sche Staatshilfe bauen. Man hat in Preußen das allgemeine Stimmrecht eingerichtet als eine Waffe des Absolutismus, das Volk steht mit gebundenen Händen und kann keinen Gebrauch davon machen.*) Tas freie Wort ist in den Versammlungen verpönt, an eine freie Ausübung des Wahlrechts nicht zu denken. Man redet den Arbeitern vor, sie könnten durch das allgemeine Stimmrecht nach und nach die Majorität im Reichstage erlangen. Ties ist eine Täuschung. Tie wenigen in Preußen gewählten Arbeiterführer haben ihre Wahl lediglich der Tuldung oder gar Unterstützung der Regierung zu verdanken. In Preußen herrscht ein systematischer Absolutismus. Tavon haben Sie in Oesterreich keinen Begriff. Ihr Absolutismus war**) seit Menschengedenken etwa wie der eines türkischen Paschas, ein Absolutismus mit Bummelei. (Heiterkeit.) In Preußen herrscht ein intelligenter Absolutismus, und dieser ist gefährlicher als der unintelligente. Tas hat schon Heinrich Heine vor vierzig Jahren auseinandergesetzt. Preußen hat die Fürsten der kleinen Staaten in den Bundeskäfig eingebündelt, die anderen sollen warten, bis die preußische Riesenschlange den gewaltigen Bissen des Jahres 1866 verdaut hat. Wir sollen kämpfen gegen die „kleinen Zwetschenfürsten", damit Bismarck sie bequem „einverleiben" könne: wir sollen arbeiten „pour le roi de Prusse", das wollen Herr v. Schweitzer und Genossen. Ter Hauptfeind ist das Bismarck'sche Preußen, die Zitadelle der Knechtschaft ist Berlin.***) Tort muß die Hauptschlacht geschlagen werden für die Befreiung Teutschlands. (Lebhafter Beifall.) Bismarck sucht des-

*) Tas allgemeine Stimmrecht hat sich stärker gezeigt als Bismarck. (1894.)

**) Jetzt müßte es wieder heißen: ist. Tamals war gerade „liberale Aera", die natürlich nicht lange dauerte. (1894.)

***) Seildem ist Berlin die Hauptstadt der deutschen Sozialdemokratie geworden. (1894.)

halb die Arbeiter mit Verſprechungen zu ködern, ſie aus Feinden in Werkzeuge zu verwandeln.

„Hier in Oeſterreich iſt die Stellung der Arbeiter zur Regierung eine ganz verſchiedene, ganz eigenthümliche. Bis zu einem gewiſſen Punkte haben die Arbeiter hier ein gemeinſames Intereſſe mit der Regierung — nämlich ſo weit dieſe das Pfaffenthum und den Adel bekämpft. Letzteres hat ſie allerdings bisher in ſehr ſchwächlicher Weiſe gethan. Allein immerhin iſt viel geſchehen. Oeſterreich ſteht inmitten einer Revolution. Daß Sie ſich z. B. hier verſammeln dürfen, verdanken Sie, ich ſage nicht dieſer Regierung, ſondern den Umſtänden, die dieſe Regierung ans Ruder gebracht — der Niederlage von 1866. (Stürmiſcher Beifall.) Wenn Sie unklug und um jeden Preis ankämpfen gegen dieſe Regierung, ſo kämpfen Sie für die Ultramontanen und Feudalen. Die Arbeiter haben ihre Stellung zu dem Bürgerminiſterium richtiger begriffen als das Bürgerminiſterium ſelbſt. Die Arbeiter wollen die Reformen dieſes Miniſteriums nicht erſchüttern, aber ſie verlangen freieren Flügelſchlag für die ſozialiſtiſche Bewegung. Unbegreiflich! Das Bürgerminiſterium konfiszirt Arbeiterzeitungen, verhaftet, chikanirt und verfolgt die Arbeiter. Dies erinnert mich an die Geſchichte von dem Bauer, der auf dem Aſte eines Baumes ſaß und denſelben am Stamme durchſägte. Als er es vollbracht, da lag der Bauer unten und hatte den Hals gebrochen. Begreift denn dieſes Miniſterium nicht, daß die Arbeiter ſeine feſteſte Stütze ſind? Begreift es nicht, daß ohne die Arbeiter keine freiheitliche Bewegung in Oeſterreich denkbar iſt? Was hat das Bürgerthum bisher gethan, um ſein Bürgerminiſterium zu ſtützen? Nichts. Wer iſt, um nur eines Beiſpiels zu erwähnen, für das Miniſterium eingetreten in der Sache gegen den Biſchof von Linz? Nur die Arbeiter! Das Bürgerminiſterium kann die Arbeiter nicht entbehren; aber die Arbeiter können die Herren Bürgerminiſter entbehren.“ (Lebhaftes Bravo.)

Nimtzick (Obmann des Preßburger Arbeiterbildungsvereins) ſpricht über die ſoziale Bewegung in Ungarn und ſchildert die Zuſtände der dortigen Arbeiter als ſehr bedauerlich, da in Ungarn nicht einmal ein Vereinsgeſetz exiſtire. Er berichtet ſodann über den „ungnädigen“ Empfang, der einer Arbeiterdeputation bei dem Miniſter des Innern, Baron Wenckheim, zu Theil wurde. Seine wahrhaft ſkandalöſen Mittheilungen riefen einen lebhaften Unwillen in der Verſammlung hervor. Redner erklärt namens der Preßburger Arbeiter den Anſchluß an die ſozialdemokratiſche Partei und ermächtigt die Wiener Arbeiter, durch ihre Delegirten auf dem Kongreß in Eiſenach auch die Intereſſen der ungariſchen Arbeiter zu vertreten.

Hartung sagt, das liberale Bürgerministerium befindet sich auf einem gewaltigen Irrwege, weil es die Nothwendigkeit der Verbesserung der Lage des arbeitenden Volkes nicht anerkenne; er zitirt die Aeußerungen der Staatsanwaltschaft in dem letzten Arbeiter= prozeß (Brüßhaver=Most) als einen Ausfluß der Anschauungen der Regierung. Die Arbeiter dagegen haben die Regierung in allen freiheitlichen Fragen stets unterstützt und wünschen nur, daß die Regierung auch ihrerseits die Ideen der Arbeiter fördere, statt sie unnütz zu bekämpfen. (Bravo!)

Berka spricht gegen die Spaltung nach Nationalitäten, ebenso Mühlwasser; dieser erklärt, daß die Kluft zwischen Czechen und Teutschen nicht so tief sei als man denke, daß sie zum großen Theile erkünstelt sei.

Zum Schluß nimmt Liebknecht noch einmal das Wort. Er weist auf die Schweiz und Amerika hin, wo die Freiheit den Nationalitätenhader getödtet oder unmöglich gemacht. Ein österreichischer Minister habe dies ganz richtig erkannt, indem er sagte, er wolle Bismarck ein Paroli bieten, indem er aus Oester reich eine monarchische Eidgenossenschaft machen wolle. „Aber ich kenne nur eine Eidgenossenschaft und die hat keinen Kaiser. Ob eine Eidgenossenschaft mit einem Kaiser an der Spitze her= zustellen sei — die Lösung dieses Problems muß ich dem Scharf= sinn des Herrn v. Beust überlassen." Wie früher der Absolutis= mus, so sei auch jetzt der Liberalismus in Oesterreich ohne System, sonst wären die Quälereien und Chikanen unmöglich. „Oesterreich muß vorangehen auf dem Wege der Freiheit. Jeder Fehltritt stürzt es in den Abgrund. „Freiheit oder Tod!" schrieben die Kämpfer der französischen Republik auf ihre Säbel. Freiheit oder Tod! ist die Devise, die diesem schönen Oesterreich durch die Nothwendigkeit aufgezwungen ward." Redner betont sodann, daß eine Lösung der Arbeiterfrage auf reformatorischem Wege, Hand in Hand mit der Bourgeoisie, an sich keine Unmöglichkeit wäre, wenn die Besitzer der Macht freiwillig auf das vortheilbringende Unrecht verzichten würden. Das sei jedoch nicht zu erhoffen. Noch nie habe eine Klasse, ein Stand frei= und gutwillig auf Privilegien verzichtet. Recht deutlich habe sich dies neuerdings in Amerika beim Kampf zur Abschaffung der Sklaverei gezeigt. Redner weist sodann auf die Arbeiterverfolgungen in Belgien, England, Frankreich, Genf und in neuester Zeit in Brünn hin, ein Beweis, daß die Klassenherrschaft unter was immer für einer Staatsform stets die Arbeit unterdrückt. Dadurch dürfe man sich aber nicht zu dem Irrthum verleiten lassen, die politische Be= wegung sei für die Arbeiter gleichgiltig. Die politische und die soziale Frage lasse sich nicht trennen. „Wer gegen die Klassen= herrschaft kämpft, muß kämpfen für die Freiheit; nur im freien

Staat, nur im Freistaat ist die freie Gesellschaft möglich." (Stürmischer Beifall.)

Der Vorsitzende erklärt, er hoffe, Herr Liebknecht werde von hier das Bewußtsein mitnehmen, daß Wien ein Boden für die sozialdemokratische Partei sei. Er bedauert, daß die letzte Nummer der „Volksstimme" durch behördliche Konfiskation den Arbeitern entzogen worden sei, und theilt eine Anzahl Begrüßungstelegramme mit, worauf die Versammlung unter Hochrufen auf Liebknecht auseinandergeht.

17.
Manifest
an die landwirthschaftliche Bevölkerung.
Aus dem „Vorbote" 1869.
(Siehe Seite 473.)

Feldarbeiter!

Es giebt wohl keinen Arbeiterstand, der unmittelbarer und härter als der Eurige den Druck der Kapitalherrschaft empfinden und durch die tagtägliche Erfahrung zum Bewußtsein kommen muß, daß er den Segen, den er pflanzt, nicht genießen darf, daß ihm der Ertrag seines Fleißes am Munde vorbeigeht und er im Schweiße seines Angesichts ein nothdürftiges Leben als höchsten Lohn verdienen soll, kurz, daß ihm für das Wohl des Leibes zu wenig und für die Stärkung und Hebung des Geistes gar nichts geboten ist. Und dennoch ertragt Ihr in Geduld und stummer Hingebung das Joch, als wenn Ihr nur zum Erdulden und Entbehren auf die Welt gekommen wäret. Ob Ihr als Kleinbesitzer und „eigene Herren" Eure Taglöhner selbst, oder ob Ihr als völlig Enterbte die Tagelöhner anderer Herren seid, so seid Ihr immerhin alle zusammen durch die Arbeit nicht belohnt, sondern mit der Arbeit gleich gestraft, seid die Lastthiere des großen Grundbesitzes und des Kapitals und weniger geschätzt und gepflegt als deren Nutzvieh in Weide und Stall. Aber Ihr Kleinbesitzer lebt fast alle noch in dem beseligenden Wahne, nicht nur Eure Feldstückchen für Euch und Eure Familien auf ewige Zeiten erhalten, sondern sie auch noch vermehren zu können — weil dies zuweilen einem unter Tausenden von Euch bis jetzt noch gelingt. Da geht's wie in einer Armee, wo, wie man sagt, jeder Soldat den Marschallsstab in seinem Tornister trägt, wo aber unter drei Millionen Soldaten, die im Verlaufe von 30 Jahren dem Trugbilde, theils auf den Schlachtfeldern verblutend nachjagen, nur einige durch Fähigkeiten, Bravour und Schicksalsgunst so glücklich sind, den Stab in die Hand zu nehmen. Weil Euch noch die Eigenthumssucht und die

Luft, ein Bischen den Herrn zu spielen, verblendet, so habt Ihr keinen Wahrnehmungssinn für die allmälige Hinabdrückung des Mittelstandes in die Tiefe des Elends. Ihr seht aber auch das Gras nicht wachsen, und es wächst doch; Ihr seht auch nicht die Erde sich bewegen, und sie bewegt sich doch! — Jenen, die schon hinabgedrückt sind, wird wohl durch bittere Erfahrung die Erbarmungslosigkeit der Kapitalmacht zum Bewußtsein gekommen sein, und sie werden sich gewiß bald herbeifinden, das Ungethüm — den Lindwurm — der modernen Zeit überwältigen zu helfen; aber Euch, die Ihr noch gläubig seid, vor demselben auf den Knieen liegt und auf Gnade hofft, wollen wir, Eure Heilung von falschem Wahne versuchend, folgende Thatsachen vor Augen führen:

In dem, seines bäuerlichen Wohl= und Mittelstandes noch vor 20 Jahren so glücklich gepriesenen alten Theile des Kantons Bern (350 000 Köpfe zählend) fanden laut amtlichen Urkunden im Verlaufe von 4 Jahren in steigender Zunahme 8390 Gant=versteigerungen statt und zwar im Jahre 1864 1230, 1865 1830, 1866 2139 und 1867 3141. Im Jahre 1857 zählte man dort 735 Geldstage (Bankerotte), welchen sich das Jahr 1867 allein mit 1341, also fast der doppelten Anzahl, an die Seite stellt. — In diesen 11 Jahren zusammen war die Zahl der Geldstage auf 7789 angeschwollen, und hat das Jahr 1869 allein noch weitere 3991 hinzugeliefert. Ja, im Laufe dieses Jahres ergaben sich bis zum 13. November schon 4935 Geldstage, die ohne Zweifel am Jahresende die Zahl von 6000 erreichen werden. Man begegnet also in diesem gesegneten Ländchen beim Verfalle der Privat=haushaltungen nicht einer arithmetischen sondern geometrischen Progression. Zählte doch dieser jüngst noch so „wohlhäbig" ge=schätzte Kantonstheil 1868 die erschreckliche Menge von 36 000 ver=geldstagten „ehrlos und mundtodt" gemachten Landesangehörigen, meistens Familienväter. Wer vermag dort gar noch diejenigen zu zählen, welche im gleichen Zeitraume, ohne das Geräusch der Geldtags=Austrommlungen und =Austrompetungen, in aller Stille und noch „ehrlich" aus ihrem Heimwesen in die Miethswohnungen der Taglöhnerei getrieben wurden? Und all' dieses geschah in einer Zeit, wo die Herren Matadoren des Ländchens Banken auf Banken gründeten, dem bäuerlichen und gewerblichen Mittelstande vorgeblich Betriebskapital zu verschaffen, in Wahrheit aber nur, um sich selbst zu bereichern.

In Frankreich ist der Werth des Ackerlandes auf 48 Mil=liarden (48 000 Millionen) Franks geschätzt, hierauf lasteten 1867 für 12 Milliarden Hypothekarschulden, und ist demnach dort der vierte Theil des Bodens nur dem Namen nach Eigenthum der=jenigen, die ihn im Eigenthumsstolz mühevoll bepflanzen, dabei oft kaum 2 pCt. frei aus dem Boden rackern, dagegen aber dem auf zarten Polster ruhenden Hypothekargläubiger 5 pCt. und noch mehr verabreichen müssen. Wenn nun Herr Hubert Delisle 1867 im Senate ausrief: „Der Augenblick ist gekommen, wo sich in Frankreich das Kapital dem Boden, dem das Geld ursprünglich entquillt, zuwendet. Ja, in der Gironde hat man ganz kürzlich für 12 Millionen Grundeigenthum angekauft, und tragen alle Erwerber die Namen großer Finanzmänner. Es sind so viele Millionen als Eigenthümer", so beweist dies, daß selbst in Frankreich, wo bisher der Besitz und Erwerb eines Stückchen Feldes zur tiefgreifendsten Religion des Landvolks gehörte, ebenfalls der Enteignungs- und Enterbungsprozeß im Großen vor sich geht, einen Theil der Landbevölkerung zur einfachen Taglöhnerei verdammt und den andern zur Vermehrung des industriellen Proletariats in das Elend der Städte treibt. Uebrigens liegt aus Frankreich auch der authentische Beweis vor, daß dort seit 20 Jahren die Lebensmittel zwar um 20—50 pCt. gestiegen sind, während jedoch der Produzent, also der Bauer, kaum mehr als früher für sein Produkt erhält, und daß demnach die bedeutende Differenz in die Tasche der Spekulanten und Großproduzenten fließt, welche letzteren im kapitalistischen Macht-bunde stehen und ebenfalls Spekulanten sind.

In England, wo die Leibeigenschaft schon gegen das Ende des 14. Jahrhunderts thatsächlich aufhörte und im 15. Jahr-hundert die große Mehrzahl der Bevölkerung aus freien, selbst wirthschaftenden Bauern bestand, ja, wo (laut Macaulay) am Ende des 17. Jahrhunderts die bäuerliche Bevölkerung ⁴⁄₅ der Total-bevölkerung Englands betrug, machte seither, nebst willkürlichen Aneignungen, der kapitalistische Enteignungs- und Enterbungs-prozeß so erstaunliche Fortschritte, daß ganze Dorfschaften bis auf die letzten Spuren verschwanden und heute Englands Grund und Boden zum größten Theile einigen hundert Familien angehört. Im Jahre 1770 gab es in England, Schottland und Irland noch 250 000 Grundeigenthümer, während es heute kaum 30 000 giebt, wovon 9000 auf Irland kommen. In Schottland ist der vierte Theil alles Grund und Bodens im Besitz von fünf Leuten. Wurden doch, als sich bei der aufblühenden Wollenzeug-Industrie die Wollproduktion günstiger als die des Getreides erwies, in der Grafschaft Sutherland von 1814 bis 1820 von 794 000 Acker Landes 15 000 Bauern unter den nichtigsten Gründen erbarmungs-los vertrieben, um einer Heerde von 130 000 Schafen Platz zu machen. Die dem Unterhause (20. Juli 1864) vorgelegten Ein-kommen- und Eigenthum-Steuerlisten zeigen, daß ungefähr 3000 Personen ein Jahreseinkommen von 25 Millionen Pfd. St. (625 000 000 Franks) unter sich theilen, was mehr als das Totaleinkommen der Gesammt-Ackerbau-Bevölkerung von England und Wales ausmacht.

Von 1851 bis 1861 ist die Konzentration des Grundeigenthums in England um 11 pCt. gewachsen.

In einer Volksversammlung am 13. Oktober d. J. zu London, wo man eine Feldarbeiter-Liga gründete, förderte ein Redner folgende merkwürdige Thatsache zu Tage: Die Landaristokratie in England zählt 5000 Mitglieder, und haben dieselben zwei Milliarden und siebenhundertfünfzig Millionen Jahreseinkünfte, was eine Durchschnitts-Jahresrente von fünfhundertfünfzigtausend Franks für jeden dieser 5000 Grundbesitzer ausmacht. Ihr wisset nun, wo die großen Diebe zu suchen und wie sie nie so groß in den Zuchthäusern zu finden sind.

Die gleichen Ursachen, die auf dem Inselland solch' großes Wunder vollbracht, haben nun, wie wir oben gezeigt, längst begonnen, auch auf dem Kontinent und allerwärts dieselben Wirkungen zu äußern. Würde es nun der Raum gestatten, so könnten wir eine Masse ähnlicher Erscheinungen aus Deutschland vorführen. Doch die sich deutlich entwickelnden ökonomischen Zustände Englands können allen übrigen Kulturvölkern als treues Spiegelbild ihrer Zukunft dienen.

Gestützt auf die dortigen Erfahrungen gilt es, dafür zu sorgen, damit die land- und gewerbwirthschaftliche Bevölkerung des Kontinents nicht wie des Insellandes unbewußt und willenlos den äußersten Wirkungen des kapitalistischen Entwicklungsprozesses, als wären diese unabänderliche Schickungen des „Himmels", preisgegeben werde, sondern daß sie die Enteignung und Enterbung schon vorher mit dem Bewußtsein und Willen aufnimmt, noch rechtzeitig, d. h. ehe die ungeheuerlichsten Zustände über sie eingebrochen sind, zu sozialstaatlichen Einrichtungen zu schreiten.

An den Mittelstand tritt eben die Frage heran, ob er im Gottvertrauensdusel Alles über sich ergehen, sich zum Vortheile Weniger expropriiren und von Haus und Hof ans Hungertuch treiben lassen will, oder ob er mit besserem Wissen und Gewissen zum Wohle Aller sich freiwillig enteignen und durch gemeinschaftlichen Besitz und gemeinsame Bewirthschaftung den Wahlspruch: „Einer für Alle und Alle für Einen" zur Wahrheit machen helfen will? — ehe ihn die Gewalt der Umstände und das verfluchte Elend dazu zwingt.

Aber nicht blos das Großkapital an und für sich ist es, sondern auch die durch die Wissenschaft und Technik — Pflanzenkunde, Chemie und Maschinerie — errungenen Mittel, die in großer Bewirthschaftung angewendet, sind es, was alle Konkurrenzfähigkeit der Kleinbewirthschaftung unerbittlich vernichtet. Die große Bewirthschaftung ersetzt die theure Menschenkraft durch billigere Thier- und Dampfkraft und die Menschenglieder durch die der

Maschinen (verminderten sich doch in England vom Jahre 1851 bis 1861 die im Ackerbau beschäftigten Personen um 88 147, und zwar trotzdem, daß inzwischen mehrere 100 000 Morgen, meist brach gelegene Gemeindegüter dem Privatbesitz und Privatbetrieb anheim gefallen waren); sie vereinigt mit sich zweckentsprechende Industrien, wie Alkoholbrennereien, Bierbrauereien, Essigsiedereien, Stärkemehlfabriken u. s. w., sie gewinnt hierdurch billiges Abfall= futter zu vergrößertem Viehstand und somit weiter vermehrte Düngererzeugung; sie führt systematische Ent= und Bewässerungen durch und nimmt rationellere und zweckgemäßere wechselwirth= schaftende Besäumung und Bepflanzung vor; sie verliert nicht kostbare Zeit und verzehrt nicht werthvolle Kraft durch die vielen Hin= und Hergänge und Fahrten von den Wohnungen zu den Grundstücken in den verschiedenen entgegengesetzten Richtungen; sie giebt den Boden unzähliger Furchen, Einzäunungen, Fuß= und Fahrwege, welchen die Parzellenbewirthschaftung wegnimmt, der Bebauung zurück; sie bedient sich, ihrer Massenproduktion wegen, mit größerem Vortheil der modernen Verkehrswege; sie hat, weil in ihrer Stellung die Kapitalmacht mitvertretend, auch die Mitherrschaft auf dem Markte der Feldprodukte; und schließlich, sie produzirt billiger, besser und mehr. Aber eben, weil sie billiger, besser und mehr produzirt, so hat erstens der Boden für sie auch mehr Werth und wird sie ihn, mag er durch Vergeldstagungen, Sterbefälle, Auswanderungen oder andern Ursachen zum Verkaufe kommen, ringsumher mehr und mehr sich einverleiben, zweitens liegt sie im Interesse der Gesammtgesellschaft und wird sie zur unabweislichen Nothwendigkeit allgemeiner Wohlfahrt.

Die kleinbäuerliche Bewirthschaftung ist deshalb durch die Allmacht des Kapitals, durch den Einfluß der Wissenschaft, den Gang der Thatsachen und das Interesse der Gesammtgesellschaft unwiderruflich und ohne Gnade zum allmäligen Tode verurtheilt.

Was soll Ihr nun aber, Ihr Kleinbesitzer, unter bewandten Umständen anfangen, um Euch nicht blos vor dem Hinfall zur förmlichen Knechtschaft zu bewahren, sondern Euch, wie Ihr es durch Euern Fleiß verdient, ein menschenwürdiges Dasein zu be= reiten? Und wie sollt gar Ihr, schon tief in die „weiße Sklaverei" versunkenen Landproletarier, Ihr längst völlig enterbten Taglöhner es anstellen, um nicht nur besser behandelt und gepflegt zu werden als die Jagdhunde und Reitpferde Eurer Gebieter, sondern nach gethaner Arbeit das Leben zu genießen, wie es Eures Ant= litzes würdig, das Ihr mit allen Menschenkindern gemein habt?

Das Mittel der Erlösung liegt in Eurer Vereinigung zur gemeinsamen Forderung Eures Rechts und zur genossenschaftlichen Bewirthschaftung des Euch gebührenden Bodens.

Zunächſt müßt Ihr Euch aber Eurer Menſchenrechte gründlich bewußt werden und von Eurer Menſchenwürde tief durchdrungen fühlen, und, alle ererbten Vorurtheile und gemeinſchädliche Gewohn= heiten von Euch abſtreifend, Euch folgenden Lebensanſchauungen und den daraus entſpringenden Grundſätzen mit ganzer Seele hingeben.

Die Erde iſt mit Allem, was darinnen und darauf iſt, ein Geſchenk der Natur, und ſomit ein unveräußerliches Gemeingut der ganzen Menſchheit.

Nur durch Waffengewalt hatten ſich die Starken des Alter= thums in den Beſitz des Grund und Bodens geſetzt.

Kein Raubgut wird durch Verjährung „rechtmäßiges“ Eigen= thum und es kann ebenſo wenig durch Schenkung oder Verkauf das „rechtmäßige“ Eigenthum eines Andern werden.

Die Landkäufer ſind von den Landräubern um die Verkaufs= ſumme betrogen und die Käufer begehen an der Geſellſchaft einen neuen Betrug.

Darum, wie ſich in alter Zeit die ro h e Gewalt des Bodens bemächtigt hat, ſo bemächtigt ſich deſſelben in der modernen Zeit die heimtückiſche Macht des Kapitals.

Das Kapital iſt aber das Erzeugniß der gemeinſamen Arbeit aller vergangenen Zeiten, denn ein Menſch allein erzeugt durch ſeine eigene Kraft kaum mehr, als er zu ſeinem Lebensunterhalte bedarf.

Das Kapital erſtand demnach aus der Anhäufung unbezahlter Löhne für erzeugte Arbeit.

Wie die Geſammtgeſellſchaft nur allein die berechtigte Eigen= thümerin allen Grund und Bodens iſt, ſo iſt die Geſammt= geſellſchaft auch nur allein berechtigte Eigenthümerin des Kapitals und aller Kapitalwerthe.

Ein Kapitaliſt kann daher nur mit unrechtmäßig erworbenen Kaufmitteln unrechtmäßig erworbenen Grund und Boden anſchaffen und deshalb aus doppelten Gründen nie Anſpruch auf recht= mäßiges Eigenthum machen.

Iſt demgemäß aller Grund und Boden Gemeingut der Geſammtgeſellſchaft, ſo kann er nie vertheilt oder ſonſt veräußert, ſondern nur als Lehensgut Ackerbaugenoſſenſchaften zur Aus= beutung für die Geſammtgeſellſchaft übergeben werden.

Genuß iſt Lebenszweck, der gemeinſchaftliche, durch Wiſſen= ſchaft, Kunſt und Gewerbfleiß veredelte Genuß der höchſte Kultus, wobei die Gleichberechtigung aller werkthätigen Menſchen gilt und durch Uebung der Gegenſeitigkeit und Geſammtverbindlichkeit ſich die Allgerechtigkeit erfüllt.

Nur die Geſammtgeſellſchaft allein iſt ein großes Genie; ſie iſt wenn auch nur beziehungsweiſe) allwiſſend, allgegenwärtig, all= mächtig und allgerecht, und Herrin der Erde.

Wer für die Gesellschaft Nützliches leistet, ist Arbeiter, ist Bruder; die Arbeiter aller Länder sind eine Familie, die Menschheit ist die eine Nation, die Erde das eine Vaterland.

Der völligen Umgestaltung der heutigen Zustände, was ein Werk der Generationen — der Geschichte selbst — ist, muß der gründliche innere Umschwung aller Begriffe von Moral uud Gerechtigkeit des lebenden Geschlechts vorausgegangen, und muß die richtige Erkenntniß der Dinge, diese Mutter allen gemeinsamen Verständnisses zu gemeinschaftlichem Handeln erworben sein.

Zur Erreichung dieses zunächsten Zweckes haben sich schon längst die Arbeiter der Städte aller Länder vereinigt, und sie kommen nun zu Euch, Arbeiter des Feldes, welchen alle Welt die tägliche Nahrung verdankt, um Euch die Bruderhand zu reichen und namentlich folgende 7 Punkte zur Beherzigung und Ausführung vorzulegen:

1. Die Kleinbesitzer einer Gemeinde bilden, indem sie ihre Grundstücke, Viehstände, Wirthschaftsgebäude, Ackergeräthschaften, Arbeitskräfte in Anwendung aller Mittel der Wissenschaft und Technik zu gemeinschaftlichem Betriebe vereinigen, eine Produktiv-Genossenschaft.

2. Alle besitzlosen Arbeiter, die bis jetzt nur Taglöhnerei betreiben, als Knechte und Mägde dienen, werden gleichberechtigte Mitgenossen und erhalten, wie alle anderen, die durch ein besonderes Reglement festzustellenden Mittel ihres Lebensunterhaltes.

3. Die Kleinbesitzer beziehen bis auf weitere sachentsprechendere Anordnungen nach Verhältniß ihrer Zuschüsse an Grundstücken, Gebäulichkeiten, Viehständen, Geräthschaften, Saatfrüchten, Nahrungs- und Fütterungsvorräthen und anderen Betriebsmitteln, was Alles von einer gemeinsam gewählten Kommission zu Kapitalwerth abzuschätzen ist, einen Jahreszins.

4. Aller Reingewinn wird zum Gemeingut geschlagen und es haben auf dessen Nutznießung, die statutengemäß zu regeln ist, alle Mitgenossen gleichen Anspruch.

5. Diese Genossenschaften treten sowohl unter sich als auch mit Produktiv- und Konsumgenossenschaften der industriellen Arbeiter, sowie mit allen andern Arbeitervereinen in nähere organisch zu verknüpfende Beziehung, um einander nach den Grundsätzen der Solidarität moralisch und materiell brüderlich beizustehen und allen kapitalistischen und politischen Druck gemeinschaftlich zu überwinden.

6. In Gemeinden, wo die Kleinbesitzer die Nothwendigkeit genossenschaftlicher Bewirthschaftung noch nicht begreifen, oder aus fauler Gewohnheit und engherziger Selbstsucht vom alten Schlendrian nicht lassen können, mögen die Besitzlosen unter sich allein zunächst einen Feldarbeiter-Verein gründen und dann,

gestützt auf ihr Naturrecht, der Gemeinde, dem Staat, der Kirche gehörendes, oder in anderer Weise zu beschaffendes Land mit ganzer Energie zu gemeinschaftlichem Betrieb zu verlangen.

7. Die Besitzlosen, welche auf großen Landgütern arbeiten, müssen, fest zusammenhaltend, außer ihrem Tagelohn einen entsprechenden Antheil am jährlichen Reinertrag begehren, sich durch diese Betheiligung mit der Leitung und Verwaltung der Geschäfte vertraut machen, damit sie sich, wenn durch einen allgemeinen Umschwung der Dinge die autokratische Herrschaft der Gutsbesitzer beseitigt ist, mehr befähigt haben, die Bewirthschaftung in demokratisch-genossenschaftlicher Weise allein durchzuführen.

Ja, Arbeiterbrüder auf dem Lande, die vereinigten Arbeiter der Städte lassen Euch noch weiter sagen, daß sie nicht eher ruhen und rasten werden, als bis durch Herstellung des freien Volksstaats auch Ihr, die Ihr der ganzen Welt die ersten Quellen aller Lebensgüter öffnet, ein menschenwürdiges Dasein erlangt haben werdet.

Aber Ihr müßt Euch auch selbst rühren, selbst ermannen und durch festgeschlossene Haltung zeigen, daß Ihr Eure unverjährbaren Menschenrechte begriffen habt und keine Knechte mehr, sondern freie, allen andern ebenbürtige Menschen sein wollt.

Wer von Euch den Geist dieses Aufrufs erfaßt, der gehe von Haus zu Haus und von Dorf zu Dorf, die Genossen vom Schlummer der Ergebung in das alte Joch aufzuerwecken, ihnen die Mittel und Wege der Erlösung zu verkünden, Brudervereine zu gründen und neue Apostel der Sozialdemokratie heranzubilden.

Wo Ihr schaffet, auf dem Acker oder in der Scheune, wo Ihr miteinander geht und beisammen steht, besprechet und berathschlagt Euch, wie Ihr in Gemeinschaft mit den Arbeitern aller Länder das ökonomische und politische Doppeljoch zerschlagen und Euch für alle Zeiten befreien wollt.

Schon Hunderttausende Eurer Brüder haben sich zu festem Bunde die Hände gereicht, und je rascher und massenhafter auch Ihr Euch anschließt, desto eher wird die ersehnte Stunde schlagen und der große Tag der Erlösung von allem Uebel anbrechen.

Also Hand ans Werk!

Genf, den 16. November 1869.

Das Zentralcomitee der Sektionsgruppe deutscher Sprache:
Becker, Riem, Jährig, Kannenberg, Remy, Rau, Baumeister, Ott, Probst, Müller, Frötscher, Wolf.

N. S. Dieses Manifest wird auch in besonderem Abdruck vertheilt werden, und wir ersuchen unsere Parteigenossen allerorts, demselben durch möglichst häufigen Nachdruck die massenhafteste Verbreitung zu verschaffen.

18.

Aufruf

der besitzlosen Handarbeiter an ihre Leidensgefährten, die besitzlosen Kopfarbeiter.

Aus dem „Demokratischen Wochenblatt" 1869.*)

(Siehe Seite 471.)

Die Bourgeoisie hat den Arzt, den Juristen, den Pfaffen, den Poeten, den Mann der Wissenschaft in ihre bezahlten Lohnarbeiter verwandelt.   Karl Marx.

Freunde!

Das kapitalbewaffnete Großbürgerthum schreitet siegreich durch die Welt. Es gleicht dem kühnen Eroberer, der Alles vor sich niederwirft, bis er zum Selbstherrscher sich emporgeschwungen. Neun Zehntel der Bevölkerung — die Besitzlosen aller Berufsarten — die ganze kleinbürgerliche Gesellschaft sind ihm dienstbar.

Friedfertig im Kampfe mit den rückschrittlichen Staatsgewalten trotzt es denselben ein Vorrecht nach dem andern ab, um solches für sich in Anspruch zu nehmen.

Strebend nach einer konstitutionellen Monarchie, welche neben Ruhe und Sicherheit ihm genugsame Theilnahme an der Staatsregierung gewährt, theilt es willig seine Herrschaft mit Thron und Altar: — des Throns bedürftig und seiner Heeresmacht, um die Widerspenstigen im Zaume zu halten, des Altars bedürftig und seiner Priesterherrschaft, um die Unzufriedenen auf ein Jenseits zu vertrösten.

Thron, Altar und Geldsack — Adel, Geistlichkeit und Großbürgerthum —, das sind die bevorzugten Stände,

*) Obiger Aufruf beruht auf nachstehendem Beschluß des vierten Kongresses der Internationalen Arbeiter-Assoziation zu Basel (September 1869), der in Nr. 37 des „D. W." zum Wiederabdruck gelangte:

Der vierte Kongreß
der Internationalen Arbeiter-Assoziation zu Basel
In Erwägung

daß der durchschnittliche Arbeitslohn immer auf die in einem Volke gewohnheitsmäßig erforderliche Lebens-Nothdurft beschränkt bleibt,

daß diesem grausamen Gesetze die Besitzlosen aller Länder und Berufsarten gleichmäßig unterworfen sind,

beschließt:

an seine Leidensgefährten, die besitzlosen Kopfarbeiter, den nachstehenden, von bewährten Parteigenossen aus Mainz vorgelegten Aufruf zu erlassen.

die Herren der Erde, die Vornehmen und Ausgezeichneten, die Honoratioren und Notabeln, die Gesetzgeber des Staates und des Weltmarktes.

Das sind die großen Grund- und Fabrik-, Handels- und Verkehrs-Herren, die Ueberwältiger der Bauern und Handwerker, der Krämer und Frachtfahrer, die Ausbeuter der Arbeitskraft zur Vermehrung ihrer Kapitalien.

Das sind die drei verbündeten Großmächte, die glücklichen Erben, die Zwingherrscher und Vormünder der menschlichen Gesellschaft — gegenüber der wehrlosen, unterdrückten, künstlich verwahrlosten „unmündigen" Menge, gegenüber dem vierten enterbten und ausgebeuteten Stand der Proletarier oder Kleinbürger.

Proletarier oder Kleinbürger ist Jeder, der von kleinbürgerlichen Eltern geboren und erzogen, weder Vermögen ererbt oder erheirathet hat, noch durch Fleiß und Schweiß erwerben kann; der lebenslänglich nicht im Stande ist, seine schwache Kraft zu verwerthen, der, unter Entbehrungen aller Art, mißachtet auf einen bestimmten oder unbestimmten Gehalt oder Lohn angewiesen ist; Jeder, der, den gesellschaftlichen Abhängigkeits-Verhältnissen unterworfen, die Reichthümer erzeugt, ohne sie zu genießen; der nothgedrungen unter dem Grundsatze: „Dess' Brod ich eff', dess' Lied ich sing'" eine falsche Rolle spielt; Jeder der vielen gebildeten und ungebildeten Kleinen und Schwachen, der da abhängt von den wenigen gebildeten und ungebildeten Großen und Starken — also jeder besitzlose Hand- und Kopfarbeiter.

Ohne Unabhängigkeit keine Freiheit, ohne Freiheit keine Gleichheit, ohne Gleichheit keine Brüderlichkeit!

Weder Reiche noch Arme, weder Paläste noch Hütten!

Erst mit dem Großbesitze schwindet das Vorrecht, mit dem Vorrecht das Unrecht!

Es gilt daher, auf dem Wege der Gesetzgebung die Macht der Großbesitzer zu brechen und auf den Trümmern der Herrschaft Einzelner die Herrschaft Aller — den reinen Volksstaat — aufzubauen.

Ueberall in allen Kulturstaaten ist die Bewegung der Handarbeiter zum reißenden Strome herangewachsen. Mit jedem Tage treten neue Kräfte bei.

Jeder Proletarier von Geblüt tritt in Mitleidenschaft und ladet seine gleichgiltigen Genossen zur Theilnahme ein. Ueberall bilden die industriellen Arbeiter die Vorhut, die landwirthschaftlichen folgen nach.

Wo aber bleiben die Proletarier der Kopfarbeit?

Wo bleiben die besitzlosen Künstler und Gelehrten, Beamten und Offiziere, Priester und Lehrer, Schriftsteller und Studenten, Handelsdiener und Schreiber?

Wie? — Dienen nicht aus Mangel an Vermögen Künstler und Gelehrte, Beamte und Offiziere den Landes- und Standesherren, den Mächtigen und Reichen, den Staats- und Kapitalgewalten, den Vorgesetzten und Unternehmern? Dienen nicht aus Mangel an Vermögen Priester ihren Kirchenoberen, Lehrer ihren Pfarrherren, Schriftsteller ihren Verlegern, Handelsdiener und Schreiber ihren Prinzipalen und Arbeitgebern? Placken sich nicht Söhne armer Eltern als Studenten durch mit Stipendien und Unterstützungen aller Art, mit Honoraren-Stundungen, Unterricht-Ertheilen und Schuldenmachen?

Wie? — Seid Ihr nicht in gleichem Maße Proletarier oder Kleinbürger wie wir?

Seid Ihr nicht Unterthanen Eurer Brodherren und zugleich des herrschenden Regierungssystems?

Es giebt viele Menschen, welche des Zeugs entbehren, sich selber vorzustehen, welche dienen und so an ihre Dienerei gewöhnt sind, daß sie unglücklich wären, wenn sie keine Herren mehr hätten.

Wir gehören nicht zu den Demüthigen und zählen noch weniger Euch dazu, weil wir wissen, daß mit der Bildung des Geistes die Selbständigkeit des Gemüths sich entwickelt.

Aber — hören wir einwenden — es kann doch nicht Jeder „Herr“ sein! O ja, wenn Jeder „Diener“ ist, d. h. wenn Jeder durch seine Thätigkeit, indem er sein eigener Herr ist und sich selber dient, Gelegenheit hat, sich um die allgemeine Wohlfahrt verdient zu machen, oder, wenn Keiner die Macht hat, über fremde Arbeit zu verfügen.

Auf welche Weise aber soll geholfen werden? Wir antworten: Zunächst durch Erklärung der Arbeit zur öffentlichen Sache, d. h. durch Arbeiter-Genossenschaften für Kunst- und Naturerzeugung, welche ihr Gewerbe, unter öffentlichem Vertrauen, um den Arbeitsertrag gemeinsam und im Großen betreiben, welche je nach seiner Leistung den Arbeiter belohnen und auch den geringst Begabten etwas verdienen lassen.

Auf welche Weise aber soll der Kopfarbeiter dabei gewinnen? Wir antworten: Durch Gehaltszulage, durch Vermehrung des Verdienstes, durch Belohnung nach Verdienst, durch Ehrensold u. dgl. — Alles nach dem Wahlspruche des Dichters: „Dem Verdienste seine Krone“, sowie nach dem bekannten Lehrsatze der Volkswirthschaft, welcher also lautet:

„Lohnerhöhung für gemeine Handarbeit steigert durch organische Rückwirkung in demselben Verhältnisse den Preis für jedwede andere Leistung.“

Unsere Sache ist daher auch Eure Sache!

„Brüder! reicht die Hand zum Bunde!“ Wir reichen sie Euch als Leidensgefährten, so reichet sie uns als Kampfgenossen, als Vorkämpfer auf dem Gebiete des Geistes.

Wohlan! Tretet zusammen, bildet Fachvereine, wie wir, zur Erforschung und Erörterung der Wissenschaft der Gesellschaft, zur Prüfung und Vereinbarung der Grundsätze und des Verfahrens, welche erforderlich sind zur Lösung der sozialen Frage; tretet in Wechselverkehr und Verbindung mit den nationalen Arbeitervereinen, Gewerken und Genossenschaften, sowie unter Anschluß an ihre Bestrebungen mit der Internationalen Arbeiter-Assoziation — soweit es die Vereinsgesetze gestatten —, betheiligt Euch an den Wahlen aller Körperschaften und wählet mit uns gemeinschaftliche Vertreter!

Studenten und junge Leute!

Jugendliche Männer der Begeisterung und der That! Ihr erinnert uns an die Erziehung, an die wichtigste Aufgabe des Staates in seiner Eigenschaft als Verein des Volkes.

Auf! Helfet uns den Staat zu gründen, welcher die Kinder unabhängig macht von der gesellschaftlichen Lage ihrer Eltern, von den Unglücksfällen, welche ihre Familie treffen; helft uns den Staat gründen, welcher als allmäliger Erbe der Hinterlassenschaften nach und nach im Sinne der Gerechtigkeit eine gleichmäßige Jugend-Erziehung auf allgemeine Kosten verwirklicht und auf diese Weise Jedermann die seiner Fähigkeit gebührende Stellung verbürgt.

Auf! Proletarier aller Länder, besitzlose Kopf- und Handarbeiter aller Art, Söldner der Kapitalherren und der Kriegsherren, erheben wir uns in Masse!

Bilden wir eine untheilbare nationale und internationale Eidgenossenschaft, eine große sozialdemokratische Partei!

Schwören wir zur Fahne: „Gleiche Rechte und gleiche Pflichten" und der Sieg muß unser sein! —

Basel, im September 1869.

Im Namen des vierten internationalen Arbeitertages zu Basel.

Der Vorsitzende.   Der Schriftführer.

19.

Emilio Castelar's Rede für die Republik.*)

(Siehe Seite 508.)

In der für die nächste Zukunft des spanischen Volkes entscheidenden Sitzung der Cortes vom 20. Mai, in welcher § 33 des Verfassungs-Entwurfes angenommen und damit die Fortdauer der

*) Als Separatabdruck aus der „Neuen Freien Presse" in Wien wurde diese Rede in Leipzig 1869 von der „Volksstaat"-Expedition unverändert in Broschürenform herausgegeben. Seitdem hat Castelar aus dem Republikaner sich zum opportunistischen „Konstitutionellen" „entwickelt", der an prinzipieller Charakterstärke es mit unseren deutschen Nationalliberalen aufnehmen kann.   (1894.)

Monarchie in Spanien beschlossen ward, hat Emilio Castelar noch einmal seine ganze Beredsamkeit aufgeboten, um das republikanische Prinzip zu vertheidigen. Die Partei hatte ihm mit nachahmungswürdiger Verleugnung jeder persönlichen Eitelkeit das Amt des Sprechers übertragen, alle anderen hervorragenden Mitglieder, selbst der greise Orense und der schwärmerische Garibo, waren vor dem anerkannten Führer zurückgetreten. Sie wußten, daß sie ihre Sache in die Hand eines Mannes legten, in dem sich die ausgebreitetste Gelehrsamkeit mit dem gewaltigsten Pathos der Rede, die in langen Jahren unerschütterlich gebliebene Ueberzeugung mit der Begeisterung der Jugend vereint. Castelar sprach mit glühender Leidenschaft, obgleich er sich über den Erfolg seiner Rede, über das Ergebniß der Sitzung keinen Augenblick täuschte. So wenig wiegte er sich in Einbildungen, daß er die Zahl der eigenen Parteigenossen unterschätzte und statt von siebzig am Schlusse seiner Rede nur von sechszig Männern sprach, welche für die Republik stimmen würden. Nicht um den Sieg, um die Fahne kämpfte Castelar an jenem denkwürdigen Tage, und wahrlich, von seinen Lippen klang und rauschte das Evangelium der Freiheit.

Von den ersten bis zu den letzten Worten ist seine Rede, mag man sie politisch oder rhetorisch betrachten, ein wahres Meisterstück. Ein Land, das solche Redner hervorbringt, kann in der allgemeinen Bildung nicht so zurückgeblieben sein, als man gewöhnlich glaubt. Nicht im österreichischen Reichsrathe, nicht im ungarischen Landtage, nicht im norddeutschen Parlamente sitzt ein Abgeordneter, welcher über diese Gewalt der Rede verfügte und sich selbst von den politischen Gegnern Beifall erzwänge. Nur die größten englischen Parlamentsredner können Castelar an die Seite gestellt werden, der in den gewähltesten kunstvollsten Formen spricht und dennoch mit Feuerzungen redet. Wenn er die Welt in drei Parteien theilt, in jene der Erinnerungen, jene der Gegenwart und jene der Zukunft, wenn er die erste den Priestern, die zweite den Staatsmännern, die dritte den Propheten und Märtyrern, den Demokraten, zuweist, wenn er sich selbst zu den Propheten rechnet — wer will dem Manne widersprechen, der festen Blickes in die Zukunft schaut und den Gegnern mit unbeugsamem Ernste zuruft: Heute nennt Ihr uns Träumer und Schwärmer, einst werdet ihr unsere Namen auf eine Gedächtnißsäule graben lassen!?

Den einzelnen Schönheiten der Rede brauchen wir hier nicht zu folgen, da wir unseren Lesern unten fast den vollständigen Wortlaut derselben geben. Aber der Geist, der sie durchweht, ist es werth, daß wir einen Augenblick bei ihm verweilen. Nicht blos sein Vaterland, nicht nur Spanien umfaßt Castelar's scharfer Blick, er fliegt vielmehr weit über dessen Grenzen hinaus und betrachtet die Völker in ihrem Ringen und Streben, in ihrer Geschichte. Wie wahr, wie treffend ist Alles, was er über die Vorgänge von 1848 sagt, wie genau schildert er in wenigen Worten die Ursachen, welche die französische Republik jenes Jahres zu Grunde richteten! Wie gut erkennt er, von jeder Anbetung des Erfolges und der Macht entfernt, die Gefahr des Militarismus, welche Teutschland bedrohen! Wie fein sondert er seinen republikanischen Standpunkt von den Utopien Jener, die den Staat im Namen der Menschheit bekämpfen, indem er sagt, er wolle, daß ein Band alle Menschen umschlinge, jedoch mit Aufrechthaltung der Nationalitäten!

Tiefer Geist der Castelar'schen Rede berührt uns vertraut, verwandt. Wie sollte er es nicht? Obwohl der berühmte spanische Republikaner von einer nothwendigen Verbindung der romanischen Rasse gegen die germanische spricht, obwohl er, allen kosmopolitischen Hirngespinnsten fremd, sich als Sohn des Volkes fühlt, dem er entstammt, als Kind der Scholle, auf dem er geboren worden, so ist doch deutscher Geist in sein Wesen eingedrungen. Nicht, weil er Hegel erwähnt, Gott bewahre! Teutsche Schulphilosophie und deutscher Geist sind nicht identisch; Hegel selbst hat, als er seine rechtsphilosophischen Lehren aufstellte und damit der preußische Staatsphilosoph par excellence ward, der deutsche Geist im Stiche gelassen. Aber Castelar's ganzes politisches Glaubensbekenntniß, das er mit so hinreißender Beredtsamkeit vertheidigt, entwickelt zwei echt germanische Eigenschaften: den Individualismus und die sittliche Strenge. Ten Individualismus kennen die Romanen im Allgemeinen kaum, und auch in Spanien, so sehr gothisches und maurisches Blut hier den eigentlichen Romanencharakter geändert, stolzer und tiefer ausgeprägt haben, sind die Männer zu zählen, welche die Souveränetät des Individuums als die Grund= lage der Freiheit betrachten. Tie meisten romanischen Politiker schwärmen von der Gleichheit, sie gilt ihnen als das Höchste; Castelar's Republikanismus dagegen hat jenen germanischen Zug, welcher, frei und ungehindert sich selbst überlassen, zur Verfassung der nordamerikanischen Freistaaten führte.

Man sieht, was aus den Spaniern werden kann. Tenn kein Mensch, und wäre es der bedeutendste, wächst heute noch so riesig über seine Zeit und sein Volk hinaus, daß letzteres keinen Maß= stab für ihn hätte. Tiefer bürgerliche Republikaner ragt freilich um Haupteslänge über die militärischen Revolutionäre hinaus, welche die Septemberbewegung geleitet haben, aber er ist doch ein Kind desselben Bodens. Man versteht, man achtet und liebt ihn in ganz Spanien, das ist genug. Emilio Castelar's Propheten= worte werden eines Tages in Erfüllung gehen und sein Name in seinem freien Vaterlande unsterblich sein. Wann? Jahrzehnte be= deuten in der Weltgeschichte wenig, darum glauben wir: bald.

Und nun lassen wir die merkwürdige Rede des republikanischen Führers, ein für Spanien und das Ausland gleich denkwürdiges Muster politischer Beredtsamkeit, hier folgen.

* * *

„Meine Herren! Ich betrete ein vollständig abgemähtes Feld: von allen Standpunkten aus ist diese Diskussion bereits erschöpft, und wenn auch weder meine allgemeine, noch meine rednerische Begabung mich ermuthigen kann, geneigtes Gehör von der Kammer zu beanspruchen, so werden Sie mir doch Ihre Aufmerksamkeit schenken, um der Aufrichtigkeit meiner Meinung, um des Ge- wichtes meiner Beweggründe und um des Interesses willen, welches wir Alle für das Vaterland, die Freiheit und die Rettung der Septemberrevolution hegen.

Die Monarchie ist für mich die soziale Ungerechtigkeit und für mein Vaterland die politische Reaktion; die Republik ist für mich die soziale Gerechtigkeit und für mein Vaterland die politische Freiheit. Die republikanische Idee, die Sie alle durchdringt, gleicht jedoch bei Ihnen dem wärmenden Sonnenstrahle, der auf die traurigen, für immer geschlossenen Wimpern des Blinden fällt, und obwohl eine Idee sich niemals klarer herausstellte und kräftiger geltend machte, geht die Republik hier dennoch einer Niederlage entgegen.

Die Geschichte der Menschheit ist ein stetiger Kampf zwischen den Ideen und den Interessen: für den Augenblick siegen immer die letzteren, auf die Dauer immer die Ideen, und die Sache, die hier unterliegen wird, ist die Sache der Vernunft und des Menschengeistes. Ihre Voten (abgegebene Stimmen), meine Herren, sind dem Geiste des Jahrhunderts zuwiderlaufend, aber sie werden auf Sie zurückfallen, wie die gegen den Himmel abgeschossenen Pfeile, und früher oder später ist der vollständige Triumph der Republik unausbleiblich; darum beginne ich auch vertrauensvoll diese feierliche Debatte, und die Unwiderruflichkeit Ihres Entschlusses entmuthigt mich nicht.

Meine Herren! Vor wenigen Tagen erst hat der Ausspruch meines verehrten Freundes Orense, „daß auch die Republik ihre Propheten hat“, Ihr ungläubiges Lächeln hervorgerufen, und doch beweisen diese Zweifel nur, daß Sie die Gesellschaft, in welcher Sie leben, nicht kennen. Wie die Zeit drei Epochen, wie der Gedanke drei Formen, so hat die Gesellschaft drei Parteien: die der Priester, das ist die Partei der Erinnerungen; die der Staats- männer, d. i. die Partei der Konservativen, und die der Propheten und Märtyrer, d. i. die republikanische Partei.

Allerdings, so wie ich berechtigt bin, mich Demokrat zu nennen, bezweifle ich, daß Sie es sind, und ich sage Ihnen, meine Herren, daß die demokratische Schule der Zukunft große Opfer gebracht hat; dafür hat ihr die Zukunft ihr Geheimniß anvertraut, ihre erhabenen Gedanken enthüllt. Die Reaktionäre kannten die Ueberzeugungen der Vergangenheit, Sie, meine Herren Konservativen, Sie kennen die Interessen der Gegenwart, wir Demokraten aber, wir kennen die unzugänglichen Höhen, aus welchen sich die Gewitter entladen, welche die Atmosphäre reinigen und die Erde befruchten. Die demokratische Schule verkündete die Auferstehung Italiens, und Italien ist auferstanden; sie verkündete, daß in dem amerikanischen Kampfe die Republik siegen und die Fesseln der Sklaverei fallen würden, und drei Millionen Menschen, die Sklaven waren, bilden ein leuchtendes Muster der Zukunft; sie verkündete, daß in dem deutschen Konflikte Oesterreich besiegt und Preußen Sieger sein werde, und das veraltete Eisenscepter Oesterreichs ward bei Sadowa zertrümmert; sie verkündete, daß die französischen Bajonnette das große Ereigniß des Jahrhunderts, die Unabhängigkeit Amerikas, nicht umstoßen würden, und die Franzosen verließen Mexiko gedemüthigt und mit blutigen Köpfen. Meine Herren! Als die Dynastie Isabellens II. auf dem Gipfel ihrer Herrlichkeit war, verkündeten 22 Erleuchtete auf diesen Bänken, daß die Dynastie fallen werde, und 15 Jahre später ist sie gefallen; und nun verkündet Ihnen eine Schaar junger Redner, wie es deren vielleicht in keiner Kammer gab: „Die Republik geht dem Siege entgegen, und die Republik wird siegen!"

Meine Herren! Einer der berühmtesten Männer des positivsten aller Länder, der jetzt Minister der Königin Viktoria ist, J. Bright, sagte einst, „daß jede Rasse ihre Heiligthümer habe; wie die Juden Jerusalem, wie die Araber Mekka, so haben die Angelsachsen den Westen, Nordamerika, und das nordamerikanische Regierungssystem wird England und ganz Europa überziehen."

Wissen Sie, warum den alten Propheten in ihrer Armuth, Unwissenheit und Demuth alle Prophezeiungen zutrafen? ihnen, die vorhersagten, daß Ninive zerstört, Babylon verbrannt und ein Messias kommen werde, was Alles zugetroffen? Weil das Rasseln ihrer Ketten sie zu der Poesie ihrer Glaubensstärke begeisterte, weil aus der Tiefe ihrer Finsterniß sie Mittagshelle erblickten, bevor noch die Sonne am Horizonte erschienen war, weil sie die Eroberer und Könige haßten, weil über der Tyrannei der Belsazare, über der Sinnlichkeit der Sardanapale und über den Tempeln der Götzenbilder sie die Idee Gottes sich erheben sahen, wie wir über den Cäsaren, den Höflingen und über den wankenden Thronen die Idee der Menschheit und ihrer Rechte emporsteigen sehen und weil, zur Ehre des Menschengeschlechtes sei es gesagt, die Herrschaft der Welt immer den großen Fortschritts-Ideen zufällt, ihnen angehörte, ihnen angehören wird. Ich bin gewiß, Sie, meine Herren, werden sagen: „Castelar bleibt sich immer gleich; wenn wir von ihm die Behandlung einer konstitutionellen Frage erwarten, bringt er uns die Apokalypse seiner poetischen Glaubensbekenntnisse." Schon hat Herr Ulloa mich mit Lamartine verglichen; Herr Silvela, damit nicht zufrieden, hat auch Viktor Hugo herangezogen, ohne daß diese Herren bedachten, wie unmöglich es ist, Jemanden, der nie einen Vers gemacht und so gar nichts von einem Poeten besitzt, mit diesen beiden großen Dichtern zu vergleichen.

Meine Herren, wenn ich hier etwas von der Poesie unserer Hoffnungen gesagt habe, so that ich es nur, um Ihnen zu beweisen, daß ich von der Poesie Abschied genommen, zu welcher ich durch jahrelanges Exil, durch ebenso lange Entfernung von allem öffentlichen Leben gekommen war, und daß ich nun zu der Frage des Augenblicks niedersteige, zu der konstitutionellen, der politischen Frage, aber daß, wenn ich sie mit Bezug auf die Lage Europas, auf das benachbarte Portugal, die Kolonien, und mit besonderer Rücksicht auf die Ereignisse des Tages und alle gegenwärtigen Umstände ins Auge fasse, ich auch keine dem Patriotismus, der Politik und der Humanität entsprechende Lösung finde, wenn nicht die republikanische. Meine Herren, ich bezweifle, daß Sie die Gründung einer Republik beabsichtigen, aber seitdem Herr Olozago es versicherte, glaube ich, daß, was die Kommission nicht konnte, sie wenigstens wollte.

Aber was ist die Demokratie, welcher ist ihr erster Grundsatz? Der Grundsatz der Volkssouveränetät; der Autonomie der Gesellschaft, das Recht, sich selbst zu regieren. Was ist ihr zweites Prinzip? Die individuellen Rechte, die über allen Konstitutionen stehen, ihnen vorangehen. Was ist ihr dritter Grundsatz? Das Prinzip der harmonischen Schule, das Herr Romero Giron so glänzend dargelegt hat. Es besteht nicht blos das Gesetz für die Gesellschaften und das Individuum, sondern eine Reihe von Gesetzen, von denen ein jedes den menschlichen Fähigkeiten entspricht: dem Willen, der in dem allgemeinen Stimmrechte, dem Gewissen, welches in dem Schwurgericht der Vernunft, die in der Kirche und den Universitäten ihren Ausdruck findet — alle diese großen Gemeinschaften haben sich nach den Prinzipien der Freiheit und Gleichheit zu organisiren, welche letztere wieder in jenem erhabenen, für einen sozialen Aufbau unabweislich zur Krönung bestimmten Prinzipe gipfeln, dem Prinzipe der Gerechtigkeit!

Hier, meine Herren, haben Sie die ganze demokratische Schule, — oder glauben Sie wirklich, daß die Monarchie mit diesen großen Prinzipien vereinbar sei?

Der Volkssouveränetät zuwider, bindet die Monarchie die höchste Gewalt an eine Familie; den individuellen Rechten zu-

wider, ist die Familie geheiligt und unverantwortlich; dem Gleich=
heitsprinzipe, dem höchsten im sozialen Leben, zuwider, ist die
Gewalt an eine Dynastie geknüpft. Kurz, der Demokratie und
dem ganzen modernen Leben widersetzt sich Ihre Monarchie!

Meine Herren, was ist die Bestimmung der Gesellschaft, der
Welt, in der wir leben? Ungeachtet der manchmal in Wuth
übergehenden Energie, mit der Herr Rodriguez die föderale
(bundesstaatliche) Republik bekämpfte, bekannte er doch, daß die
Welt einer großen Föderation, „daß die Völker Europas einem
europäischen Staatenbund entgegengehen", und, meine Herren,
finden Sie wohl eine größere Idee in der Geschichte?

Wenn wir die Geschichte überblicken, so muß uns bei der
reichen Mannigfaltigkeit der Thatsachen die geringe Anzahl der
Ideen in Erstaunen setzen. „An einer einzigen Idee zehrt
ein ganzes Jahrhundert."

An der politischen Einheit der Welt zehrte das erste Jahr=
hundert; an der stoischen Idee das zweite; an der alexandrini=
schen das dritte; an der Erklärung des christlichen Dogmas das
vierte; an dem Auftreten des germanischen Elements das fünfte;
an der Verschmelzung des letzteren mit den römischen Traditionen
in der Kirche das sechste; an der Aufzwingung des orientalischen
Elements durch die arabischen Krummsäbel das siebente; an dem
Rassenkampfe, dem Chaos, aus welchem sich die künftigen Natio=
nalitäten allmälig ausscheiden, das achte; an dem Erlöschen des
römischen Reiches, der Gründung der politischen Macht der Päpste
und dem Erscheinen des Feudalismus das neunte; an der religiösen
Schreckensherrschaft das zehnte; an dem Kampfe zwischen der
weltlichen und der geistlichen Macht und dem Siege Hildebrand's
das elfte; an den Kreuzzügen, der letzten großen theokratischen
und den ersten großen Anstrengungen der weltlichen Gewalten
das zwölfte; an dem Aufblühen des weltlichen und dem Testamente
des theokratischen Elements das dreizehnte; an dem Siege der
Könige über die Theokratie und den Feudalismus durch Hervor=
rufung des Bürgerthums das vierzehnte; an der Umgestaltung
unseres Planeten durch die Buchdruckerkunst, an der Magnetnadel,
der Verbreitung des Schießpulvers, der epischen Fahrt der Portu=
giesen nach dem Osten und dem mythischen Zuge der Spanier
nach Amerika das fünfzehnte; an der Wiedererlangung der Ge=
wissensfreiheit durch die Reformation das sechszehnte; an der
Emanzipation der Vernunft und der Philosophie durch den west=
fälischen Frieden das siebzehnte; an dem Kampfe der Encyklopä=
disten gegen alles Verrottete und den Revolutionen in Amerika
und Frankreich das achtzehnte; an der Union der Demokratie,
welche durch die Revolutionen, und der Freiheit, welche durch die
Wissenschaft erstanden, das neunzehnte Jahrhundert, welches be=

rufen ist, den europäischen Staaten-Bund zu gründen und mit dieser leuchtenden Formel der Zukunst die Zivilisation der Welt zu krönen! (Stürmischer Beifall.)

Wünschen Sie wirklich einen solchen europäischen Staaten bund? Ich wenigstens, meine Herren, wünsche ihn sehnlichst; wünsche sehnlichst den Augenblick herbei, in dem, obwohl unter Aufrechterhaltung der Nationalitäten, die ökonomischen Scheide-wände fallen, die ein Volk von dem andern trennen: aber glauben Sie, meine Herren, daß im menschlichen Leben etwas zu gewinnen ist, wenn der rechte Augenblick versäumt wird? Die Völker haben eine Gelegenheit, und das sind die Revolutionen; versäumen sie diese, so haben sie ein Jahrhundert verloren; und ich träumte für mein Vaterland, daß es durch die September-Revolution das erste Land sein würde, welches den europäischen Staatenbund gründen wird.

Sie, meine Herren von der Kommission, Sie stehen unter einem bösen Zauber. Es gab für die Revolution und für die Menschheit eine glückliche Zeit, das war die Zeit von 1787 bis 1792; da glaubten noch die Anhänger der Monarchie, daß die Fürsten mit der Demokratie in Frieden leben könnten, und die Temokraten glaubten, daß die Demokratie von den Fürsten nichts zu fürchten habe. Da kam ein schrecklicher Tag, der Tag, an welchem Ludwig XVI. seinen Palast verließ, um über die Grenze zu fliehen und an der Spitze eines fremden Heeres zurückzukehren; ein Gleiches that später Ferdinand VII. nach dem Meineide von 1814, durch die Intervention von 1823, und dasselbe that noch später der König von Neapel, indem er, nicht minder eidbrüchig, die Oesterreicher herbeirief. Daburch zeigte sich, daß die Könige

Tie Toktrinäre sagten: „Es ist nothwendig, diese Gesellschaft zu erziehen, und das kann nur dadurch geschehen, daß wir die Monarchie mit solchen Institutionen umgeben, an welchen die Temokratie scheitert." Die Temokraten aber sagten: „Wir können die Temokratie nicht den Königen preisgeben, die sie beschädigen und . . . .; es ist unabweislich, sie hinter die individuellen Rechte zu verschanzen," und so wurden die Toktrinäre konstitutionell und die Temokraten republikanisch! Und nach dieser Erfahrung, meine Herren, und mit den Spuren des Märtyrer-thums an der Stirne, welches diese Erfahrung Sie gekostet hat, verfallen Sie abermals dem bösen Zauber und der Täuschung? Sehen Sie vielleicht nicht das große Beispiel, das uns Frankreich bietet? Sehen Sie nicht, was aus dem demokratischen Kaiser-reiche geworden ist? Und haben Sie einen Fürsten mit dem Nimbus eines Napoleon I., um damit dessen Nachkommenschaft zu umgeben? Und haben Sie auch eine Gesellschaft, die der Zuckungen und der Krisen der Revolution müde ist? Und doch gelangte Napoleon III. durch das allgemeine Stimmrecht zur Herrschaft, und so lange er stark war und die Freiheit in seiner Hand erdrückte, lebte er im Frieden; nun aber, da der Zwang sich einigermaßen gelockert, hören Sie Paris pfeifen und zischen; hören Sie die Demokraten in ihren Versammlungen, hören Sie ihren Ruf: „Wir wollen nicht die Freiheit mit dem Kaiserreiche, mit dem die Demokratie unvereinbar ist, denn die Freiheit ist unser Recht und die Demokratie unser Werk!"

Betreten wir aber, von allen Abstraktionen absehend, den politischen Boden und definiren nur kurz die Demokratie. Was ist die Demokratie? Das Recht Aller. Was ist die Monarchie? Das Privilegium eines Einzigen, welches, um etwas länger zu bestehen, einigen Anderen ein Vorrecht eingeräumt hat. Bedeutet aber dieses Vorrecht Einiger etwas Anderes, als daß die Stunde des Rechts für Alle noch nicht geschlagen hat? daß durch Eure Monarchie die Zeit unserer Demokratie noch nicht gekommen ist?

Verweisen Sie mich nicht auf England, wie Herr Rios Rosas es in so beredter Weise gethan, indem er uns zugleich kundgab, daß die persönliche Herrschaft auch in den Vereinigten Staaten besteht, und dies durch die Gegensätze zwischen Lincoln und Johnson und durch die Wahl Grant's zu beweisen suchte; in Amerika giebt es keine persönliche Herrschaft, wohl aber in England. In England müssen zwei große Elemente unterschieden werden, das angelsächsische, welches das einheimische, und das normannische, welches das aufgepfropfte ist. Als die Völker des Nordens herankamen, brachten sie einen Theil der byzantinischen Verderbtheit mit: so gründeten die Gothen bei uns ein wahrhaft byzantinisches Reich. Aber die Angelsachsen, barbarischer, individueller und unabhängiger, hatten in England die Republik begründet, denn ihre Könige waren Häuptlinge der Stämme, und diese waren föderalistisch, denn, meine Herren, die Republiken sind die ursprünglichste, aber auch die vollendetste Regierungsform; sie nehmen denselben Verlauf wie alle zivilisatorischen Institutionen, wie alle ewigen Wahrheiten, und daher, von den Angelsachsen nämlich, stammten für England drei große Dinge: die Sicherheit des häuslichen Herdes, die Jury (das Schwurgericht) und das Eingreifen des Volkes in das öffentliche Leben.

England hat jedoch gleichzeitig drei Dinge, die mir fürchterlich sind: den König, das Monopol des Grundeigenthums und das Oberhaus. Allerdings, meine Herren, übt dieser König einen Einfluß, den man in den nordamerikanischen Staaten niemals begreifen könnte, und erst kürzlich erschien ein herrliches Buch von

Lewis, in welchem Herr Rios Rosas den Beweis finden kann, daß
in England erst in jüngster Zeit das persönliche Regiment aus-
geübt wurde, wie in allen Monarchien. Nun, fehlt es etwa der
Geschichte Englands an Blut und Thränen, die das Werk der
Könige waren? Gedenken Sie des Religionswechsels und seiner
Ursachen bei dem einen, gedenken Sie jenes anderen, der Karl I.
das Schaffot besteigen ließ, der von einem dritten herbeigeführten
Revolution, welche eine neue Dynastie brachte; wir wollen von
all' diesen gekrönten Satyren und zügellosen Wollüstlingen nicht
sprechen — ehrlos in ihrem Privatleben, ehrlos als Regenten,
niederträchtig als Könige; erinnern Sie sich nicht, wie einer derselben Fox belogen und welche Erklärung er dem Hause der Lords
darüber gab? Und diese persönliche Politik, war sie nicht eines
der unheilvollsten Ereignisse für die Torys? Der Prozeß Carolinens
und das schmähliche Betragen des Königs durch die vier Monate
seiner Dauer, die Heirath und Scheidung des Königspaares, ge-
fährdeten sie nicht den Frieden und den Fortschritt Groß-
britanniens? Und endlich, meine Herren, haben Sie nicht aus
den Memoiren der Königin Victoria ersehen, daß auch sie
toryistisch war und erst durch den Einfluß des Prinzen Albert
liberal geworden ist?

Und wissen Sie nicht, meine Herren, was in Dänemark geschah?
Wissen Sie nicht, daß man dort das Bruchstück einer Nationalität
der Gewaltherrschaft Preußen opferte? Und daß dies nur dadurch
erfolgte, weil an dem Tage, an dem Napoleon sich nach England
wandte, er in Folge des Einflusses der Königin Victoria kein
Gehör fand? Kann also Herr Rios Rosas sagen, daß die Königin
keinen Einfluß ausübt? In Wahrheit ist wohl England keine
Monarchie, sondern eine aristokratische Republik, die jedoch einen
König hat — einen König, der entweder ein ganz unnützes oder,
wenn anders, ein schädliches Element ist.

Das Beispiel Englands verurtheilt demnach Ihre Theorien,
meine Herren! Uebrigens vergleichen Sie Ihre Aristokratie mit
der dortigen, Ihr freies Eigenthum mit dem dortigen monopolisirten
Eigenthum, Ihren Senat mit dem Hause der Lords, jenen König,
der wie immer als Symbol der englischen Nationalität dort angesehen wird, mit Ihrem König, den man versucht wäre, den
Magier zu nennen, weil er wie durch Zauber sich entweder durch
dieses gläserne Dach aus den Wolken niedersenken oder durch
diesen Boden aus dem Schoße der Erde heraufsteigen müßte —
vergleichen Sie vor allem die aristokratische Gesellschaft Englands
mit Ihrer demokratischen, und sagen Sie mir dann, ob unter so
ganz abweichenden sozialen Elementen Sie hier eine Monarchie
und eine Freiheit wie in England herzustellen im Stande sind?
In der That, meine Herren, von zwei Seiten erheben sich

bringende Alarmrufe; von einer Seite, der des Herrn Canovas, der hier sagte: „Befreien Sie eine intelligente Minorität von der Invasion der Demokratie", und andererseits von den Repräsentanten des Volkes, „um Befreiung unserer Demokratie von dem Joche der Monarchie", und deshalb wird Ihre Konstitution, weder von den Konservativen noch von der Volkspartei unterstützt, ganz außerhalb jeder europäischen Realität stehen.

Aber man wird mir vorwerfen: „Castelar als Künstler (so mußte ich mich schelten hören) stellt die Form über die Wesenheit." Nun frage ich Sie: Wann, wie und wo haben Sie je die Wesenheit von der Form getrennt gesehen? Alles was ist, hat seine Art zu sein und besteht; Alles, was besteht, ist; daher können Sie logisch den Bestand nicht von der Wesenheit trennen. Ein Beispiel wird diese Wahrheit besser veranschaulichen. Nehmen Sie einen großen Block von parischem Marmor, geben Sie die Hälfte desselben einem Krämer und das Uebrige einem Bildhauer — Ersterer wird sein Bruchstück zu einem Mörser verwenden, der Bildhauer aber aus dem seinigen eine Venus von Milo meißeln; die Materie ist dieselbe, aber die Form verschieden; oder werden Sie sich beifallen lassen, den Mörser, in welchem die Gewürze zerstampft werden, mit der Venus zu vergleichen, an deren keuschen Brüsten die Künstler die Begeisterung für das Ideal und für die Formgeheimnisse nähren? —

Ich bin nicht stark in der Physiologie und bitte die Herren Suner und Mata, mir zu verzeihen, wenn ich irre.

Ich glaube, daß in dem Blute der Hunde viele Elemente ganz gleich benjenigen sind, aus welchen das unserige besteht. Ich höre Herrn Moreno Nieto, der gleich mir zu den Spiritualisten gehört, sagen, daß der Unterschied zwischen dem Menschen und dem Hunde einer der Wesenheit ist, nämlich der der Vernunft. Ich weiß nicht, ob, wie nach Plato, der Geist sich den Organismus gesucht oder, wie nach Hegel, der Geist gleichzeitig mit der menschlichen Form in der Welt erschien; ich weiß nur, daß mein Gehirn, rund wie die Wölbung des Himmels, Raum für jene Welten hat, die man Ideen nennt. Und nun, meine Herren, so wie der Mensch seine eigenthümliche Form hat, die des menschlichen Geistes, so hat auch die Demokratie ihre eigene Form, und die ist — die Republik.

In dem sozialen Organismus ereignet sich dasselbe wie in dem physiologischen, und jeder Zivilisations-, wie jeder Bildungsstufe entsprechen eigene Gesetze, bestimmte Organisationen. Um das Mastodon oder das Megatherium zu studiren, besuchen Sie naturhistorische Museen. Der Könige und großen Monarchien wegen gehen Sie nach Egypten und nach dem Pantheon des Escurial; aber so wie wir heute die riesigen Formen jener Thiere bewundern, werden künftige Geschlechter die Ungeheuerlichkeiten Eurer Monarchien anstaunen.

Herr Romero Giron sagte uns heute: „Wie können Sie sich beklagen, da wir Ihnen die Essenz, das allgemeine Stimmrecht, zugestanden haben?"

Ich gehöre zu der Schule, die unter allen Umständen das allgemeine Stimmrecht verlangt; aber im Widerspruche mit der Meinung meines Freundes Herrn Canovas glaube ich, daß man die Rechte nur durch ihre Ausübung, wie das Schwimmen nur im Wasser, lernt; nun sage ich Ihnen, daß das allgemeine Stimmrecht ein großes Werkzeug des Fortschritts in den Republiken, aber nicht minder ein Werkzeug der Unterdrückung in den Monarchien ist; in den ersteren bewirkt es moralische Bildung, in den letzteren Entsittlichung des Volkes. Die Demokratie erzieht, weil der Bürger weiß, daß schon seine Geburt allein ihn zur Ausübung aller öffentlichen Funktionen berechtigt; er weiß, daß er in die Munizipalitäten gelangen kann, diese erste politische Schule: er kann in die Provinzial-Deputation kommen, die höhere Lehranstalt; endlich kann er die Theilnahme an der Leitung der öffentlichen Staatsangelegenheiten erreichen, dieser Hochschule der Politik. Er findet außerdem besondere Genossenschaften, in welchen er Arbeit und Bewirthschaftung lernt; er findet die große Institution der Jury, in welcher er als ein Recht und eine Pflicht über sich wie über Andere richten lernt, und indem er alles dies lernt, lernt er auch das Bewußtsein seiner Würde kennen. Das können die Monarchien nicht. Nun, meine Herren, wollen Sie das allgemeine Stimmrecht mit der Monarchie verbinden? Da lesen Sie einmal, was der große Naturforscher der Könige, Macchiavelli, sagt. Er sagt, daß die traditionellen Könige noch eher ein beschränktes Maß von Freiheit zugestehen, daß aber die vom Staate geschaffenen, da sie schwach eintreten, entweder auf jede mögliche Weise Korruption einführen oder sich oder den Staat entwürdigen. So wird es kommen, daß der König zuerst sagen wird, daß die Kammern seinem souveränen Willen Hindernisse entgegensetzen, und so wird er auch damit beginnen, das allgemeine Stimmrecht zu korrumpiren; es wird sich ein verschlagener Minister finden, der ihm die Nothwendigkeit des dem Volke einzuimpfenden Grundsatzes vorstellen wird: „Welchen reellen Vortheil gewährt das Recht? Kann man von Rechten zehren?" Dann wird der König sagen: „Wenn nicht alle Spanier reich und glücklich sind, so ist dies nur die Schuld der endlosen Diskussionen der Kammerredner, die nur durch ihre Beredtsamkeit glänzen wollen," und Sie werden sehen, meine Herren, wie schnell die Lehren dieser plumpen Schule bei dem Volke Eingang finden werden, dieser Schule, in welcher den materiellen Interessen Alles geopfert wird. Haben Sie nicht

diesfalls ein großes Beispiel vom Jahre 1848 her, wo das
französische Volk auch mit jener materialistischen Erziehung auf=
trat, welche Louis Philipp ihm gegeben hatte? Damals, wo Gold
gleichbedeutend mit Recht war, kam eines Tages der edle, unglück=
liche Baudin und wollte die von der Republik proklamirten Rechte
retten; aber ein Arbeiter rief ihm zu: „Was kümmert mich die
Würde Frankreichs? Du vertheidigst als Deputirter nur, Deine
Diäten von 25 Franks.“ Später aber, und noch kürzlich wall=
fahrte das Volk in bitterer Reue ob seines Irrthums zur Juli=
säule und sprach: „Vergieb uns unsern Irrthum, großer Geist;
wohl mit Recht sagtest Du, daß die Einbuße der Würde das
größte der Uebel sei; wir auch wollen nun Dein schwarzes Brot,
aber mit der Freiheit.“ Fürchten Sie nicht ein Gleiches bei uns,
meine Herren, bei der Abgötterei unserer Rasse für den Staat?
und sehen Sie nicht, wie in Frankreich der Cäsar mit Ausnahme
des allgemeinen Stimmrechtes Alles abgeschafft hat?

Und welche Unterschiede, meine Herren, ist zwischen den
Monarchien und den Republiken? Wir haben hier zwei große
Schriftsteller, die Herren Valera und Alarcon. Der Letztere hat
ein Buch über Italien geschrieben, das eines der schönsten Monu=
mente der modernen Literatur, durchweht von dem antiken Geiste
des alten Italien, ist. Diese Herren mögen Ihnen sagen, wo die
Heimath der großen Institutionen, der großen Lehren der Kunst
und des Wissens sind.

Meine Herren! Wenn Sie die Idee von Gott und seinen
Geboten einigermaßen achten, wem verdanken Sie dieselbe? Einem
föderalen Volke, einer Republik, den Stämmen Israels. Wer
erfand das Alphabet? Die Föderation der Phönizier. Von wem
haben Sie den Handel? Von der Republik Karthago. Wer ver=
stand die menschliche Gestalt zu meißeln? Eine Republik, Griechen=
land. Noch heute lernen Sie Patriotismus in den Thermopylen,
die Stürme der Seele von Aeschylos und Sophokles, studiren die
Theoreme eines Euklides, schöpfen Theologie bei Aristoteles,
Philosophie bei Plato, und die Manen von Aeschines und
Demosthenes scheinen diese Hallen zu durchwehen und betrübt
auf uns zu schauen, weil die Redner unserer Zeit nicht die
oratorische Weihe haben, die nur den bevorzugten Söhnen der
Republik zukommt. Wer hat Ihnen Gewissens= und Handelsfreiheit
gegeben? Die Republik Holland. Woher schreibt sich die See=
macht Englands? Von seiner Republik. Woher stammt der Einfluß
Frankreichs auf die ganze Erdkugel? Von seiner Republik. Wer
hat die ganze Menschheit durch Anerkennung der individuellen
Rechte, auf welche Sie so stolz sind, hoch erhoben? Die Republik
der Vereinigten nordamerikanischen Staaten. Wer hat Sie die
Volkssouveränetät gelehrt? Das republikanische Genf.

Noch kürzlich sagte uns Herr Ulloa, daß die schweizerische Republik von Almosen lebe, und Herr Silvela, daß die Republik nur bei solchen Völkern bestehe, die nichts besitzen und ohne Gewicht sind, wie die Schweiz, die Thäler von Andorra und San Marino. Aber, meine Herren, wissen Sie, wie hoch sich der Brutto-Ertrag des Bodens in der Schweiz beläuft? Auf fünfzehnhundert Millionen Francs, was auf jeden Einwohner 140 Francs abwirft, während die Vertheilung der Gesammtproduktion Belgiens nicht mehr als 116 Francs auf den Einwohner ergiebt. Das Eigenthum ist in der Schweiz in einem höheren Grade gesichert als in irgend einem Lande, obwohl nirgends gleich liberale Institutionen bestehen. Die Hektare Boden hat dort einen Werth, der hier unmöglich ist, und an den Ufern des Leman ist sie mit fünfzigtausend Francs bezahlt worden. In der Schweiz finden Sie bei jedem Schritte eine Schule; auf je 300 Einwohner kommt ein Lehrer und bei jeder Munizipalität finden Sie ein Bibliothek, auch bei solchen, welche nicht mehr als zwölf Häuser haben. Dort hat jeder Arbeiter vor seinem schneeweißen Häuschen einen Rasenplatz, und er lebt nicht wie der Arbeiter in Paris, durch die Haußmann'sche Zerstörung aus der Stadt vertrieben und gezwungen, in der Umgegend in einer Art von Zelten Unterkunft zu suchen; er lebt auch nicht wie der unglückliche Arbeiter in London, um den Parlamentspalast herum, nein, er lebt inmitten der freien Natur, behäbig, unterrichtet und sozusagen reich, weil in den jüngsten fünf Jahren der Arbeitslohn sich bedeutend gehoben hat. Ich habe dort einer Versammlung deutscher, französischer und italienischer Arbeiter beigewohnt, in welcher der Präsident, ein Taglöhner, die in den verschiedenen Sprachen gehaltenen Reden, ohne zu stocken, seinen minder sprachkundigen Kollegen verdolmetschte.

Alle hier angeführten Daten habe ich aus einem agronomischen Lehrbuche, und wissen Sie, was ein Schriftsteller sagt, der durchaus nicht republikanisch gesinnt ist? Daß dies Alles Folgen der Bildung sind, welche die demokratischen, die republikanischen Institutionen verbreiten.

Und nun, abgesehen von den Uebeln, welche aus unserer hiesigen Erziehung erwachsen, glauben Sie, daß die Schweizer sich in Geist, Intelligenz und Tapferkeit mit den Spaniern vergleichen können? Durchaus nicht! Unser Volk ist ein bedeutenderes als jenes, hat eine ruhmvollere Vergangenheit, und wenn es dennoch ärmer und wenn es dennoch unwissender ist, so kommt dies nur von der Erziehung, welche seine Könige ihm gegeben haben.

Meine Herren, es thut nicht noth, die Schweizer mit den Spaniern zu vergleichen: man braucht nur zwei Völker einander

gegenüber zu stellen, die unter demselben Breitengrade, unter den=
selben Verhältnissen und beide am Fuße der Alpen leben, das
eine in einem Lande der Könige, Savoyen — das andere in
einem Lande der Demokratie, die Schweiz. Savoyen ist arm,
ohne Industrie, fast ohne Straßen, bei jedem Schritt ein Kloster.
Die Schweiz ist reich, industriell, von Straßen durchkreuzt, auf
jedem Schritt eine Schule. Die Schweiz hat Männer hervor=
gebracht, deren Geist sich bis zu den Sternen erhob; Savoyen
hat den Grafen de Maistre geliefert, den Autor einer Analogie
des Feudalismus, der Theokratie und des Henkers. Savoyen hat
seine Nationalität eingebüßt, von einem Monarchen dem anderen
verkauft; die Schweiz ist durch den Geist Wilhelm Tell's vor jeder
Invasion, jedem Eroberer geschützt. Erhabene Parallele, welche
Gott am Fuße der Alpen, einem seiner Altäre, werden ließ, um
durch ein beredtes Bild die Vorzüge der Republik von der Mon=
archie zu veranschaulichen.

Ich würde noch begreifen, daß Sie die Monarchie wählen,
wenn irgend ein großes physisches, moralisches oder intellektuelles
Hervorragen einer Person oder einer Familie sich darböte, welches
Ihrer Wahl als Erklärungsgrund diente. Aber haben Sie nicht
ein großes historisches und gleichzeitig großes soziales Phänomen
bemerkt? Haben Sie nicht bemerkt, daß die großen Männer ver=
schwinden? Können Sie diesem Jahrhunderte, dem des Dampfes
und des Telegraphen, den Namen eines großen Mannes beilegen?
Nein, glücklicherweise giebt es keine großen Männer
mehr, weil das Menschengeschlecht hoch gewachsen ist. Und dann,
meine Herren, wenn ein einziger Mensch die Gesellschaft beherrscht,
gehört die eine Hälfte seines Lebens dem Ruhme, die andere aber
dem Mißgeschicke; die erste ist die der Jugend, die zweite die des
Alters. Denken Sie an Karl V., Philipp II. und Napoleon.

Aber ein irrigeres Prinzip, meine Herren, als die Gesellschaft
dem Fatalismus der Erblichkeit preisgeben, kenne ich schon durch=
aus nicht. Das ist eigentlich die indische Theorie, gegen welche
die ganze moderne Bewegung gerichtet ist, die Theorie, welche
durch das auf dem Calvarienberge vergossene Blut ausgelöscht
wurde — die Theorie der Kasten. Hätte sich Portugal nicht mit
uns vereinigt, wenn der Prinz Dom Miguel nicht gestorben wäre?
Wenn Alphons VI. nicht jenes Königreich seiner Tochter zur
Mitgift gegeben hätte; wenn Philipp II. nicht so spät zur Erb=
schaft gelangte, wäre die iberische Union nicht zur Wahrheit ge=
worden? Und wir selbst, wie wäre unser Loos gewesen, wenn
Ferdinand VII. sich nicht verheirathet oder anstatt einer Tochter
einen Sohn gehabt hätte? Und doch wollen Sie die moderne
Gesellschaft allen Launen der Erblichkeit aussetzen? Ah, meine
Herren, welche schwere, tiefgehende Begriffsverwirrung! Ich

würde sie noch fassen, wenn wir einen König, wenn wir mindestens einen Kandidaten hätten, und da gelange ich zur Kapitalfrage, der Kandidaten=Frage.

In dem Momente, in dem Sie, meine Herren, die Monarchie proklamiren, stellen Sie die revolutionäre, die republikanische Partei außerhalb des Gesetzes; die Republikaner werden die einzigen ent= erbten Söhne der September=Revolution sein.

Ich will hier nicht in persönliche Fragen eingehen, ich will die Verdienste der Republikaner während der letzten fünfzehn Jahre nicht auf Kosten der anderen Parteien hervorheben; aber richten Sie Ihre Blicke auf diese Bänke; Sie werden da Deputirte sehen, die in Fernando Po waren, die in den letzten Jahren des Regi= ments von Gonzalez Bravo die Kriminal=Gefängnisse füllten; Deputirte, welche zuerst den Muth hatten, mittelst öffentlicher Blätter die republikanische Idee ins Land zu schleudern, die Lehr= freiheit kühn zu begehren; Männer, die Sie in Zeiten des Miß= geschicks in der Emigration, aber niemals in Ihren Vorzimmern erblickten. Was machen Sie nun aus diesen Männern, was machen Sie aus dieser Partei? Die Besiegten (die Reaktion) werden sagen: „Wenn Ihr der Monarchie durchaus derart be= dürft, daß bei der ersten Versammlung Ihr, unserem Beispiele folgend, vor allem die Republikaner aus der Gesetzlichkeit stoßt, wie wir es mit dem Demokraten gemacht haben, da war auch unsere Politik gerecht und klug." Thun Sie nun in Gottes Namen, was Sie nicht lassen können, aber sprechen Sie sich dar= über aus, damit auch wir über unsere Haltung einen Beschluß fassen können, der selbstredend von dem Ihrigen abhängen wird. Meine Herren, wie viel Monarchien sind hier zu betrachten?

Die Idee einer Vereinigung Spaniens mit Portugal durch Initiative der portugiesischen Monarchie war allerdings eine glor= reiche, denn wir leben in einer ganz eigenthümlichen revolutionären Zeit. Seitdem Napoleon auf den französischen Thron gelangte, machen sich die Revolutionen von Oben nach Unten, und wenn hier dieselbe Form möglich gewesen wäre, so hätte diese konservativ=progressistische Bildung auch die Form einer großen diplomatischen gehabt, wir aber, immer Republikaner bleibend, hätten der portugiesischen Mon= archie Opposition gemacht. Ich begreife, daß die Franzosen nach der egyptischen Expedition sich einem Napoleon, daß selbst die Italiener nach dem Unglücke seines Vaters, sowie nach dem Siege bei Solferino sich Viktor Emanuel übergeben konnten, aber ich begreife nicht, wie Sie eine Monarchie ohne Monarchen schaffen und sich einer An= betung überlassen können, ohne eine Gottheit zu haben.

Portugal aber wünscht die Vereinigung mit Spanien nur in der republikanischen Form. Lesen Sie seine Journale, zunächst das „Diario de Comercio" vom 16. d. Mts.

Wenn der König von Portugal die Situation begriffen hätte, so hätte er sich an die Spitze der Bewegung gestellt, anstatt der früheren reaktionären Regierung Zeichen der Sympathie zu geben, die er Ihnen versagte; später wollte der König von Portugal die Union nicht, da die Portugiesen sie nur in republikanischer Form und auch keine Personal-Union wünschten. Gewiß ist jedenfalls, daß die Republiken anziehen, während die Monarchien abstoßen. Welche Anstrengungen muß nicht Oesterreich als föderale Monarchie machen, um die Union von Völkern aufrecht zu erhalten, die doch seit Jahrhunderten vereinigt sind. Wie anders dagegen ist es in der Schweiz. Tessin gehört zu Italien und will nicht italienisch, Neuenburg zu Teutschland und will nicht deutsch, Waadt und Genf gehören zu Frankreich, sprechen französisch und wollen doch auch nicht französisch sein. Sie können sich nicht vorstellen, meine Herren, was Sie in Portugal gewonnen, seitdem Sie die Kultusfreiheit votirt haben. Man sagt dort: „Spanien schreitet vor, mehr als wir; seht welch' großes Beispiel die Spanier uns geben!" Sprach man so, als Spanien noch von dem Dunkel des Katholizismus bedeckt war? Daher, meine Herren, wollen Sie, daß Portugal Ihnen angehöre, so setzen Sie die Republik ein; wenn Sie die Monarchie einsetzen, müssen Sie auf Portugal für lange Zeit verzichten.

Indem wir nun auf die Frage des Herzogs von Montpensier übergehen, muß ich vor allem eine Erklärung abgeben. Wenn die Nothwendigkeit meiner Argumentation es erheischt, die Exkönigin Isabella zu nennen, schmerzt es mich tief, denn was ich in der Welt aufs höchste achte, das ist die Heiligkeit des Unglücks, auch des verdienten. Ich muß auch noch beifügen, daß dasjenige, was ich über den Herzog von Montpensier sagen werde, sich weder auf seine Person, noch sein Privatleben bezieht. Ich erkläre, daß der Herzog ein guter Gatte und Vater, achtbar und sparsam ist; ich gebe ferner zu, daß er direkt oder indirekt der September-Revolution nützlich war. Demnach kann ihn meine Argumentation nicht beleidigen.

Neulich verlas hier ein großer Redner das Manifest von Cadix, in welchem Herr Topete schon damals sich zu Gunsten der Monarchie aussprach: nun erlaube ich mir, diesen Herrn zu fragen, ob die damals gewünschte Monarchie jene Isabellens II. oder eine andere war? Was bedeutet die Dynastie des Herzogs von Montpensier in der Welt? Wenn ich die Natur sehe, fühle ich Gott, aber wenn ich die Geschichte lese, begreife und erkenne ich Gott. Welche traurige, verhängnißvolle Bestimmung ist dem Hause dieser Orleans in der Geschichte der Menschheit zugefallen? Wenn mein Gedächtniß nicht trügt, haben die Könige von Frankreich im vierzehnten Jahrhundert das Herzogthum Orleans für die zweit-

geborenen Söhne gegründet. O meine Herren, ich habe oft ge=
sagt, daß die Monarchien die Völker entsittlichen, aber ich weiß
auch nichts, was die Könige selber so sehr entsittlicht als eben
die Monarchien.

Mit welcher Liebe, meine Herren, hängen Sie nicht an Ihrer
Familie, an Ihren Eltern, Kindern, Geschwistern! Sehen Sie da=
gegen, was sich in den Familien der Könige, zwischen Eltern,
Kindern und Geschwistern zugetragen, welcher Pfuhl von Sitten=
losigkeit — und wie die Kinder nicht der Liebe, sondern der
Staatsrücksicht entsprießen, so ist ihr eisiges, verderbtes Herz auch
blut= und empfindungsleer. Das Haus der Orleans, als dem
königlichen untergeordnet, war ein Seitenzweig des Hauptstammes,
dem es Mark und Autorität entzog. Der Regent Orleans kon=
spirirte in Spanien gegen Philipp V.; Philipp Egalité konspirirte
im königlichen Palaste gegen seinen Cousin Ludwig XVI.; Louis
Philipp von Orleans konspirirte in demselben Palaste gegen seinen
Onkel Karl X., und Antonio von Orleans konspirirte von seinem
Palaste in Sevilla gegen Donna Isabella II. Sie sind alle die=
selben, dieselben Namen, dieselben Gesichter, derselbe Geist, wenn
auch durch Zeit und Raum leicht modifizirt, doch immer dieselben.

Sie sagten auch, Antonio von Orleans sei kein Bourbon.
Das ist unrichtig. Dem Rufe der Nation gemäß haben Sie
Isabella, Francisco und Alphonso von Bourbon verworfen, und
ich sage Ihnen, daß der Herzog von Montpensier mehr Bourbon
ist, als Isabella, Francisco und Alphonso es ist. Seine Ab=
stammung ist folgende: Heinrich IV. von Bourbon zeugte mit
Maria von Medicis Ludwig XIII., dieser mit Anna von Oester=
reich Ludwig von Bourbon, später Ludwig XIV., und Philipp
von Bourbon, später Herzog von Orleans. Letzterer zeugte mit
seiner zweiten Gemahlin einen Sohn seines Namens, dieser wieder
mit einer anderen Prinzessin, die mir eben nicht beifällt, einen
anderen Philipp, der in zweiter Ehe mit einem französischen
Fräulein jenen Philipp zeugte, der sich bei Hofe Philipp von
Bourbon, im Konvente aber Philipp Egalité nannte. Das ist
der Vater des späteren Bürgerkönigs Louis Philipp, der mit der
neapolitanischen Prinzessin Amalie von Bourbon Don Antonio
von Bourbon zeugte. Ist demnach der Herzog von Montpensier
ein Bourbon? Hier, meine Herren, muß ich der Partei der Pro=
gressisten offen gestehen, daß, wenn Sie die Monarchie wollen,
nur dieser eine Kandidat möglich ist; er repräsentirt gut
oder schlecht die parlamentarische Monarchie: wenn also die
Monarchie Ihre Regierungsform ist, so ist auch der
Herzog Ihr Universal=Kandidat.

O ihr Manen der katalonischen Helden, die ihr den bour=
bonischen Krieg vorbereitet und zu einer beispiellosen Höhe er=

hoben habt! Ihr Helden aus Galizien, Kämpfer wie bei Numantia, durch die Bourbonen hingeopfert! Und ihr Heroen von Trafalgar, die ihr durch die Sinnlichkeit Maria Louisens in schäumenden Wellen euer Grab gefunden; erhabene Namen mit goldenen Buchstaben eingezeichnet, Märtyrer eines ehrlosen Burschen, eines niederträchtigen Gesellen, der sich Ferdinand VII. nannte; Solis, Zurbano! wo immer eure Asche ruht, wo immer eure Geister schweben, kommt hierher als eine Stimme des Gewissens, gestattet nicht diesen Meineid der Revolution, gestattet nicht diese Schmach des Vaterlandes! (Langanhaltender stürmischer Beifall.)

Was soll ich über die Regentschaft sagen? Den General Serrano möchte ich durchaus nicht beleidigen; ich gestehe ihm große Vorzüge, seltene Bescheidenheit, Opferwilligkeit und Selbst= verleugnung zu; wenn Sie wollen, will ich ihm als Präsident der Republik meine Stimme geben, aber ich werde niemals für ihn als Regenten votiren, weil ich nicht will, daß man dieses Land ein Land der Soldatenherrschaft nenne. Die Herrschaft er= heischt eine große Unparteilichkeit, die ein Parteimann nie haben kann, und wie immer General Serrano es nehmen möge, seine Regentschaft würde stets eine Regentschaft der Unionisten sein. Ich glaube, daß die Kortes dem General die Regentschaft nicht anbieten, und wenn sie es thäten, er sie nicht annehmen wird, weil der General eine lächerliche Stellung nicht annehmen kann.

Regent ohne König, was heißt das? Nichts anderes, als auf diese Weise die Demokratie, die Republik negiren, ihnen ent= gegentreten. Die Republik erschreckt Sie, und anstatt den General Serrano zum Präsidenten der Republik zu ernennen, ernennen Sie ihn unter dem andern Titel eines Regenten, derart, daß der General ein Regent ist, welcher die Großjährigkeit der Republik abwartet. (Großer, allgemeiner Beifall. General Serrano applaudirt gleichfalls lebhaft.) —

Ich sehe, daß General Serrano mir auch Beifall spendet, und das beweist mir, daß er auch vollständig überzeugt ist, daß hierher keine Könige mehr kommen können.

Die Regentschaft hat alle Uebel der Monarchie und der Republik: die ersteren, weil sie eine mächtige oberste Gewalt ein= setzt, die letzteren — und da gehe ich ja in Ihre mir entgegen= gesetzte Argumentation ein — weil alle anderen Generale auch nach der Regentschaft trachten werden.

Ich bedauere, den General Prim nicht auf der blauen Bank*) zu sehen, ich möchte ihn fragen, seit wann er der Chef der Pro= gressisten ist; ich möchte sagen, er ist es seit der mexikanischen Expedition, wo er sich als guter Diplomat, bedeutender Politiker und Liberaler bewährte; aber wie konnte General Prim, der zu-

---

*) Die Ministerbank.

erst die Initiative der Revolution ergriff und der in Mexiko
Beweise seiner Klugheit und weisen Voraussicht gab, wie konnte
er nicht auch erkennen, daß hier die Könige todt und die
Monarchie unmöglich ist, weil die Demokratie, gleich dem Meere,
ihre Leichname auswirft? Und das Meer führt mich auf meinen
Freund Topete. Herr Topete aber weiß eine Sache nicht, und
die ist, daß er die September-Revolution nicht gemacht hat.

Topete: Nein, Sie haben sie gemacht.

Castelar: Ich habe sie nicht gemacht, aber Sie eben so
wenig, weil die Stürme und das Wetter von Gott kamen, der
allein weiß, woher sie kamen und wohin sie gehen.

Können sie künstlich einen Sturm oder mit dem Aufwande
aller Elektrizität ein Gewitter erzeugen? Herr Topete ist religiös
wie alle den Stürmen und Unfällen ausgesetzten Naturen, er weiß
dies sehr wohl; aber an dem Tage, an dem er von seinen Schiffen
aus den Aufruf zur Revolution vernehmen ließ — an jenem Tage,
der ihn unter unsere Helden, Erlöser und Wohlthäter versetzte,
leitete er den Blitzstrahl an alle Könige, der früher oder später
die goldenen Reife an ihrer Stirne zerschmelzen wird.

Meine Herren! Alle Völker haben eine große Bestimmung
in der Geschichte, und ich glaube, daß die Spanier sehr gut
wissen, daß sie die ihrige in Europa nur durch die Republik erfüllen
können, weil Europa sorgenvoll auf die militärisch-autokratische
Konföderation der deutschen Rasse in seinem Zentrum blickt —
eine Konföderation, die schließlich gegen die lateinische Rasse gerichtet ist, und gegen deren Gefahren es nur ein Mittel giebt:
die Konföderation des lateinischen Europa. Und da
wird zunächst das von meinem Freunde Rodriguez entworfene
Bild zur Wahrheit werden: Union der Völker, der Rassen, der
Kontinente, der ganzen Menschheit unter sich, damit es nicht mehr
gebe als einen Geist, ein Recht und — wie ich, der ich religiös
bin, hinzufüge — einen einzigen König, unseren Vater,
der im Himmel thront!

Aber, meine Herren, wenn das spanische Volk diese große
Bestimmung in Europa hat, welche andere hat es noch in
Amerika?

Ich wollte die amerikanische Frage hier niemals anregen aus
Patriotismus; ich werde schweigen, so lange als nöthig — aber
wenn ich sprechen werde, werde ich auch über das große Ziel
sprechen, welches wir in jenen fernen Ländern zu erreichen haben.
Dort können wir noch einen großen moralischen, politischen,
ökonomischen und sozialen Einfluß ausüben, und wir können das
Organ jener Republiken bei der europäischen Konföderation
werden, wenn wir selbst die republikanische Regierungsform annehmen, wodurch wir ihnen großes Vertrauen einflößen und die

Abneigung beseitigen werden, welche sich in Amerika gegen uns gebildet hat.

Sie sehen ja auch, wie die portugiesischen Journale sich aussprechen, die da sagen, „daß, wenn Sie den Muth haben, die Republik zu proklamiren, Spanien sich für die Eroberung der Freiheit und des Rechtes erheben kann, wie es sich im sechszehnten Jahrhundert an der Spitze aller Völker der Welt für die Eroberung der königlichen Autorität erhoben hat."

Meine Herren, ich schließe, weil ich ermüdet bin und die Kammer es noch mehr sein wird, und weil Sie die Republik, die Sie gründen könnten, nicht gründen wollen; hätten Sie es gethan, wäre uns die große Nation verpflichtet worden, aus deren Hauptstadt nun die Marseillaise in mächtigem Chore ertönt. Sie werden mich Träumer nennen, aber Traum nannten die alten Pharisäer die Einigung des Menschengeschlechtes in der Religion; Traum war das Christenthum, Traum nannten die letzten Gelehrten des Mittelalters die Idee Christoph Columbus' und die Entdeckung einer neuen Welt; Traum nannten die Aristokraten das Erstehen der Demokratie, und ein Traum war zuerst im Jahre 1789 die Proklamirung der Menschenrechte. Nun nennen auch Sie uns „Träumer"! Aber der Blitzstrahl, der die Eichen der alten Monarchien zersplittern wird, er wird nicht ausbleiben, und dann werden Sie kommen müssen, um mit eigenen Händen den Bau der neuen Nationalität aufzurichten, und in seinen Stamm werden sie eingraben müssen die Namen der sechzig Männer, die hier gegen die Könige votiren werden, eingraben mit der Aufschrift: „Den Verkündern der Zukunft, den Gründern der Republik in Spanien."

————— ‒ —————

20.
Programm des Generalraths der Internationalen Arbeiter-Assoziation für den Brüsseler Kongreß (1868).

Aus dem „Demokratischen Wochenblatt" 1868.

(Siehe Seite 609.)

Der Generalrath der Internationalen Arbeiter=Assoziation hat beschlossen, dem nächsten Kongreß, welcher sich am 7. September in Brüssel versammeln wird, folgende Fragen zur Berathung vorzulegen:

1. Der Einfluß der Maschinen in den Händen der Kapitalisten.
2. Verminderung der Arbeitsstunden.

3. Das Privateigenthum an Grund und Boden.
4. Die Schulbildung der arbeitenden Klassen.
5. Die Etablirung von Kreditinstituten zur Beförderung und Erleichterung der Emanzipation der Arbeiterklasse.
6. Die geeignetsten Mittel zur Etablirung der genossenschaftlichen Produktion.

Vereine, deren Antwort auf die Fragen in Betreff des statistischen Berichts über den Zustand der Arbeiterklasse bereit sind, werden ersucht, dieselbe dem nächsten Kongreß vorzulegen.

Hermann Jung, Vorsitzender.
J. Georg Eccarius, General-Sekretär.

21.
An die Mitglieder der Internationalen Arbeiter-Assoziation.
Aus dem „Demokratischen Wochenblatt" 1868.

(Siehe Seite 609.)

Genossen! Da der Generalrath der Internationalen Arbeiter-Assoziation beabsichtigt, im Laufe des Frühjahrs einen Bericht über den gegenwärtigen Zustand der arbeitenden Bevölkerung Europas zu erlassen, so werden die korrespondirenden Sekretäre der Sektionen ersucht, über alles, was den Zustand und die Lage der Arbeiter ihrer respektiven Lokalitäten betrifft, zu berichten. Die Sekretäre und die Gewerbevereine werden ersucht, folgende Fragen zu beantworten:

1. Der Name des Vereins.
2. Die Anzahl seiner Mitglieder.
3. Welches sind die gebräuchlichen Stunden der Arbeit?
4. Was ist der Betrag des gewöhnlichen Verdienstes?
5. Ist die Beschäftigung beständig oder schwankend?
6. Welches ist die Anzahl derer, die während der letzten drei Monate außer Arbeit waren?
7. Sind diejenigen, welche in Arbeit sind, voll beschäftigt?
8. Hat eine Erhöhung oder Erniedrigung des Arbeitslohnes innerhalb der letzten fünf Jahre stattgefunden?
9. Sind Versuche der kooperativen Produktion in dem Geschäft gemacht worden und mit welchem Erfolg?

Außer der Beantwortung obiger Fragen wird Jedem anheimgestellt, irgend interessante oder wichtige Thatsachen hinzuzufügen. Sämmtliche für den Bericht bestimmte Mittheilungen müssen spätestens vor Ablauf des Monats März eingesandt werden.

In der Absicht, der großen Mehrheit der Mitglieder der Assoziation eine Gelegenheit zu geben, ihre Meinung unverkennbar über mehrere Tagesfragen auszudrücken, empfahl der letzte Kongreß, Ihnen folgende Fragen zur Berathung vorzulegen, und wir bitten Sie, uns Ihre Konklusionen in Betreff derselben sobald wie möglich mitzutheilen.

1. Die Ausführbarkeit, ein System des Kredits und des kooperativen Austauschs unter den verschiedenen Arbeitergenossenschaften zu organisiren.

2. Welches sind die Wirkungen des Gebrauchs von Maschinen auf die Lage der arbeitenden Klasse?

3. Die Rathsamkeit, ein definitives Programm für die technische Ausbildung und eine umfassende Schulbildung der Kinder festzustellen.

4. Ist es von Nutzen, daß der Boden, die Minen, die Kanäle, die Hochstraßen, die Eisenbahnen ꝛc. das Eigenthum von Privatleuten sind und für deren persönlichen Gewinn exploitirt werden, oder würde es zweckdienlich sein, dieselben in Nationaleigenthum zu verwandeln und im Interesse der Gesammtheit auszubeuten?

5. Die Politik der Arbeitseinstellungen und die Rathsamkeit, auf die Errichtung von Schiedsgerichten zu bringen.

Von den Antworten, welche auf diese Fragen ertheilt werden, wird es abhängen, ob irgend eine in das Programm des nächsten Kongresses, welcher sich am ersten Montag des Monats September in Brüssel versammeln soll, aufgenommen wird.

Im Auftrage des Generalraths der Internationalen Arbeiter-Assoziation.

Robert Shaw, Vorsitzender.

J. George Eccarius, General-Sekretär.

16 Castle Street East, W. London,
im Februar 1868.

22.

Chemnitzer Programm.*)

Aus dem „Demokratischen Wochenblatt" 1868.

(Siehe Seite 721.)

Die demokratische Partei hat den nunmehr beendeten, lediglich im Interesse dynastischer und partikularistischer Bestrebungen geführten Krieg von Anfang an als ein Nationalunglück be-

---

*) Unter dem Namen „Chemnitzer Programm" ist das „Programm der demokratischen Partei Sachsens" in Parteikreisen bekannt. Dieses Programm wurde unmittelbar nach Beendigung des Bruderkrieges von 1866 von einer Landesverfammlung der sächsischen Demokratie — vom 19. August 1866 —

klagt und verdammt, weil derselbe nicht nur zum theilweisen
Ruin des Wohlstandes des deutschen Volkes und zur Verbitterung
der deutschen Volksstämme gegen einander, sondern auch zur
Theilung unseres gemeinsamen Vaterlandes, zur Unfreiheit und
zur Einmischung des Auslandes in deutsche Angelegenheiten
führen mußte.

Das Ergebniß dieses Krieges — ein durch gewaltsame Annexion
vergrößertes Preußen unter einem mehr als je befestigten absoluten Königthum, das einstweilige Vasallenthum der kleineren
Staaten bis zu ihrer vollständigen Annexion durch Preußen und
die Abtrennung der norddeutschen Staaten von Süddeutschland —
hat jene Befürchtungen bewahrheitet.

Die demokratische Partei wird trotz der veränderten Verhältnisse ihr altes Programm ungeschmälert aufrecht erhalten
und für dasselbe einstehen. — Da die demokratische Partei sich
für verpflichtet hält, die Feinde der deutschen Freiheit und Einheit unter allen Umständen und auf allen Gebieten zu bekämpfen,
so wird sie, nachdem Sachsen durch die Gewalt der Waffen gezwungen worden ist, dem Norddeutschen Bunde beizutreten, bei
der bevorstehenden Reichstagswahl sich betheiligen. Die Demokratie verlangt demnach von den von ihr zu erwählenden
Kandidaten:

daß sie die norddeutschen Staaten, wenn auch zeitweilig von
Süddeutschland getrennt, nur als einen Theil Deutschlands
betrachten und bei ihrem Eintritt in den Norddeutschen
Reichstag gegen die Dreitheilung wie gegen jedwede Theilung
und Verkleinerung Deutschlands protestiren;

daß sie die Zusammenberufung eines konstituirenden Parlaments
erstreben, das von allen deutschen Staaten, selbstverständlich mit Einschluß Deutsch-Oesterreichs, beschickt wird,

und endlich, daß sie das nachstehende Programm als Richt-
schnur annehmen und energisch zu verfechten entschlossen sind.

Forderungen der Demokratie.

1. **Unbeschränktes Selbstbestimmungsrecht des Volkes.**
Allgemeines, direktes und gleiches Wahlrecht mit geheimer Abstimmung auf allen Gebieten des staatlichen Lebens
(für Parlament, Kammern der Einzelstaaten, Vertretung der

entworfen und einstimmig angenommen. Wir lassen zur Beurtheilung der theoretischen Entwicklung der deutschen Sozialdemokratie unmittelbar auf dieses „Chemnitzer Programm" in
chronologischer Reihenfolge alle hierfür in Betracht kommenden,
auf den verschiedenen Kongressen beschlossenen oder abgeänderten
Parteiprogramme folgen.

Gemeinden u. f. f.). Volkswehr an Stelle der stehenden Heere. Ein mit Machtvollkommenheit ausgerüstetes Parlament, welches namentlich auch über Krieg und Frieden zu entscheiden hat.

2. **Einigung Deutschlands in einer demokratischen Staatsform.**

Keine erbliche Zentralgewalt — kein Kleindeutschland unter preußischer Führung, kein durch Annexion vergrößertes Preußen, kein Großdeutschland unter österreichischer Führung, keine Trias. Diese und ähnliche dynastisch-partikularistische Bestrebungen, welche nur zur Unfreiheit, Zersplitterung und Fremdherrschaft führen können, sind von der demokratischen Partei auf das Entschiedenste zu bekämpfen.

3. **Aufhebung der Vorrechte des Standes der Geburt und Konfession.**

4. **Hebung der leiblichen, geistigen und sittlichen Volksbildung.**

Trennung der Schule von der Kirche, Trennung der Kirche vom Staate und des Staates von der Kirche, Hebung der Lehrerbildungsanstalten und würdige Stellung der Lehrer, Erhebung der Volksschule zu einer aus der Staatskasse zu erhaltenden Staatsanstalt. Herbeischaffung von Mitteln und Gründung von Anstalten zur Weiterbildung der den Schulen Entwachsenen.

5. **Förderung des allgemeinen Wohlstandes und Befreiung der Arbeit und der Arbeiter von jeglichem Druck und jeglicher Fessel.**

Verbesserung der Lage der arbeitenden Klasse, Freizügigkeit, Gewerbefreiheit, allgemeines deutsches Heimathsrecht, Förderung und Unterstützung des Genossenschaftswesens, namentlich der Produktivgenossenschaften, damit der Gegensatz zwischen Kapital und Arbeit ausgeglichen werde.

6. **Selbstverwaltung der Gemeinden.**

7. **Hebung des Rechtsbewußtseins im Volke.**

Durch Unabhängigkeit der Gerichte, Geschwornengerichte, namentlich auch in politischen und Preßprozessen; öffentliches und mündliches Gerichtsverfahren.

8. **Förderung der politischen und sozialen Bildung des Volkes.**

Durch freie Presse, freies Versammlungs- und Vereinsrecht, Koalitionsrecht.

* * *

Statut
des Allgemeinen Deutschen Arbeitervereins.
Leipzig. Mai 1863.

§ 1.

Unter dem Namen

„Allgemeiner Deutscher Arbeiterverein"

begründen die Unterzeichneten für die deutschen Bundesstaaten einen Verein, welcher, von der Ueberzeugung ausgehend, daß nur durch das allgemeine gleiche und direkte Wahlrecht eine genügende Vertretung der sozialen Interessen des deutschen Arbeiterstandes und eine wahrhafte Beseitigung der Klassengegensätze in der Gesellschaft herbeigeführt werden kann, den Zweck verfolgt,

auf friedlichem und legalem Wege, insbesondere durch das Gewinnen der öffentlichen Ueberzeugung, für die Herstellung des allgemeinen gleichen und direkten Wahlrechts zu wirken.

* * *

Statuten
der Internationalen Arbeiter-Assoziation.

Beschlossen von der Delegirtenkonferenz in St. Martins Hall zu London, 28. September 1864, und endgültig bestätigt vom Genfer Kongreß, September 1866.

In Erwägung:

daß die Emanzipation der arbeitenden Klassen durch die arbeitenden Klassen selbst erobert werden muß, daß der Kampf für die Emanzipation der arbeitenden Klassen nicht einen Kampf für Klassenprivilegien und Monopole, sondern für gleiche Rechte und Pflichten und für die Abschaffung aller Klassenherrschaft bedeutet;

daß die ökonomische Abhängigkeit des Mannes der Arbeit vom Monopolisten der Werkzeuge der Arbeit, der Quellen des Lebens, die Grundlage der Knechtschaft in jeder Form, des sozialen Elends, der geistigen Herabwürdigung und politischen Abhängigkeit bildet;

daß deshalb die ökonomische Emanzipation der arbeitenden Klassen das große Ziel ist, welchem jede politische Bewegung als bloßes Hilfsmittel sich unterordnen sollte;

daß alle auf dies große Ziel gerichteten Anstrengungen bisher an dem Mangel der Solidarität zwischen den vielfachen Zweigen der Arbeit jeden Landes und an dem Nichtvorhandensein eines brüderlichen Bandes der Einheit zwischen den arbeitenden Klassen der verschiedenen Länder gescheitert sind;

daß die Emanzipation der Arbeit weder ein lokales, noch nationales, sondern ein soziales Problem ist, welches alle Länder umfaßt, in denen moderne Gesellschaft existirt, und dessen Lösung von der praktischen und theoretischen Mitwirkung der vorgeschrittensten Länder abhängt;

daß das gegenwärtige Wiederaufleben der arbeitenden Klassen in den gewerbthätigsten Ländern Europas, während es neue Hoffnungen rege macht, eine feierliche Warnung vor einem Rückfalle in alte Irrthümer enthält und ein unmittelbares Bündniß der noch getrennten Bewegungen erfordert,

aus diesen Gründen erklärt der erste internationale Arbeiterkongreß, daß die Internationale Arbeiter-Assoziation und alle ihr angehörigen Gesellschaften und Individuen Wahrheit, Recht und Sitte als die Grundlage ihres Betragens untereinander und gegen alle ihre Mitmenschen ohne Rücksicht auf Farbe, Bekenntniß oder Nationalität anerkennen. Der Kongreß betrachtet es als Pflicht des Mannes, die Rechte eines Mannes und Bürgers nicht blos für sich selbst, sondern für Jedermann, der seine Pflicht thut, zu fordern. Keine Rechte ohne Pflichten, keine Pflichten ohne Rechte.

Und in diesem Sinne beschließt er folgende Statuten der Internationalen Arbeiter-Assoziation:

1. Die Assoziation ist zu dem Zwecke errichtet, ein zentrales Mittel der Verbindung und Kooperation zwischen den in verschiedenen Ländern bestehenden und dasselbe Ziel, nämlich den Schutz, die Hebung und völlige Emanzipation der arbeitenden Klassen verfolgenden Arbeitergesellschaften zu schaffen.

2. Name der Gesellschaft soll sein: „Die Internationale ArbeiterAssoziation".

3. Der Generalrath soll aus Arbeitern bestehen, die den verschiedenen in der Internationalen Arbeiter-Assoziation vertretenen Ländern angehören. Er soll aus seinen eigenen Mitgliedern die zur Besorgung der Geschäfte nothwendigen Beamten, einen Präsidenten, Schatzmeister, Generalsekretär, korrespondirende Sekretäre für die verschiedenen Länder ꝛc. wählen. Der Kongreß bestimmt von Jahr zu Jahr den Sitz des Generalraths, wählt eine Anzahl von Mitgliedern mit der Befugniß, ihre Anzahl selbst zu vervollständigen, und bestimmt Ort und Zeit für die Zusammenkunft des nächsten Kongresses. Die Delegirten versammeln sich zur bestimmten Zeit am bestimmten Ort, ohne jede besondere Einladung. Der Generalrath kann nöthigenfalls den Ort ändern, ist aber nicht befugt, den Termin der Zusammenkunft hinauszuschieben.

4. Bei seinen jährlichen Zusammenkünften soll der Generalkongreß vom Generalrath öffentliche Rechnungslegung seiner Geschäfte erhalten. Letzterer soll in bringlichen Fällen befugt sein,

den Generalkongreß vor Ablauf des regelmäßigen Jahrestermins zusammenzuberufen.

5. Der Generalrath soll eine internationale Vermittlung zwischen den verschiedenen kooperirenden Assoziationen bilden, so, daß die Arbeiter eines jeden Landes fortwährend von den Bewegungen ihrer Klasse in den anderen Ländern unterrichtet gehalten werden, daß eine gleichzeitig und einheitlich geleitete Untersuchung der sozialen Zustände in den verschiedenen Ländern Europas veranstaltet werden kann, daß Fragen von allgemeinem Interesse, die in einer Gesellschaft angeregt worden, von Allen erörtert werden, und daß, wenn eine unmittelbar praktische Thätigkeit nöthig sein sollte, wie z. B. im Falle internationaler Streitigkeiten, eine gleichzeitige und gleichförmige Aktion der assoziirten Gesellschaften stattfindet. So oft es zeitgemäß erscheint, soll der Generalrath die Initiative zu Vorschlägen für die verschiedenen nationalen oder lokalen Gesellschaften ergreifen. Um die Verbindung zu erleichtern, soll der Generalrath periodische Berichte veröffentlichen.

6. In Anbetracht dessen, daß der Erfolg der Arbeiterbewegung in jedem Lande nur durch die Macht des Zusammenhanges und der Einigkeit gesichert werden kann, während andererseits die Nützlichkeit des internationalen Generalraths wesentlich davon abhängt, ob er es mit wenigen Mittelpunkten nationaler Arbeiter-Assoziationen oder mit einer großen Anzahl kleiner und getrennter Lokalgesellschaften zu thun hat, sollen die Mitglieder der Internationalen Arbeiter-Assoziation ihre äußersten Anstrengungen darauf richten, die zusammenhängenden Arbeitergesellschaften ihrer betreffenden Länder zu nationalen, durch Zentralorgane vertretenen Körperschaften zu vereinigen. Doch versteht es sich von selbst, daß die Anwendbarkeit dieser Vorschrift von den jedem Lande eigenthümlichen Gesetzen abhängig ist, und daß, abgesehen von gesetzlichen Hindernissen, keiner unabhängigen Lokalgesellschaft verwehrt sein soll, direkt mit dem Generalrath zu korrespondiren.

7. Die verschiedenen Branchen und Sektionen sollen an den Orten ihres Domizils, und so weit ihr Einfluß reicht, die Initiative nicht allein in Bezug auf allgemeine fortschrittliche Verbesserung des öffentlichen Lebens, sondern auch in Bezug auf die Gründung von Produktiv-Assoziationen und anderen, der Arbeiterklasse nützlichen Einrichtungen ergreifen. Der Generalrath soll sie in jeder nur möglichen Weise unterstützen.

8. Jedes Mitglied der Internationalen Arbeiter-Assoziation, welches seinen Wohnsitz von einem Lande nach dem andern verlegt, soll den brüderlichen Beistand der assoziirten Arbeiter erhalten.

9. Jeder, der sich zu den Prinzipien der Internationalen Arbeiter-Assoziation bekennt und dieselben vertheidigt, ist wählbar

zum Mitglied der Assoziation. Jede Branche ist verantwortlich für die Rechtschaffenheit der Mitglieder, welche sie aufnimmt.

10. Jede Sektion oder Branche hat die Befugniß, ihren eigenen korrespondirenden Sekretär zu ernennen.

11. Die Arbeitergesellschaften, welche sich der Internationalen Arbeiter=Assoziation anschließen und sich mit dieser durch ein immer= während Band brüderlicher Gemeinschaft verbinden, behalten ihre besondere Organisation unangetastet bei.

12. Alles, was in den Statuten nicht vorgesehen ist, wird durch spezielle, der Revision eines jeden Kongresses unterliegende Verordnungen nachträglich ergänzt werden.

* * *

Nürnberger Programm.
Nürnberg, September 1868.

Der zu Nürnberg versammelte fünfte deutsche Arbeitervereins= tag erklärt in nachstehenden Punkten seine Uebereinstimmung mit dem Programm der Internationalen Arbeiter=Assoziation.

1. Die Emanzipation (Befreiung) der arbeitenden Klassen muß durch die arbeitenden Klassen selbst erobert werden. Der Kampf für die Emanzipation der arbeitenden Klassen ist nicht ein Kampf für Klassenprivilegien und Monopole, sondern für gleiche Rechte und gleiche Pflichten und für die Abschaffung aller Klassenherrschaft.

2. Die ökonomische Abhängigkeit des Mannes der Arbeit von dem Monopolisten (dem ausschließlichen Besitzer) der Arbeits= werkzeuge bildet die Grundlage der Knechtschaft in jeder Form, des sozialen Elends, der geistigen Herabwürdigung und der politischen Abhängigkeit.

3. Die politische Freiheit ist die unentbehrliche Vorbedingung zur ökonomischen Befreiung der arbeitenden Klassen. Die soziale Frage ist mithin untrennbar von der politischen, ihre Lösung durch diese bedingt und nur möglich im demokratischen Staat.

Ferner in Erwägung:

„daß alle auf die ökonomische Emanzipation gerichteten An= strengungen bisher an dem Mangel der Solidarität (Ver= einigung) zwischen den vielfachen Zweigen der Arbeit jeden Landes und dem Nichtvorhandensein eines brüderlichen Bandes der Einheit zwischen den arbeitenden Klassen der verschiedenen Länder gescheitert sind; daß die Emanzipation der Arbeit weder ein lokales, noch ein nationales, sondern ein soziales Problem (Aufgabe) ist, welches alle Länder umfaßt, in denen es moderne Gesellschaft giebt, und dessen Lösung von der praktischen und theoretischen Mitwirkung der vorgeschrittensten Länder abhängt, beschließt der fünfte deutsche Arbeitervereinstag seinen Anschluß an die Bestrebungen der Internationalen Arbeiter-Assoziation."

*   *   *

Eisenacher Programm.

Eisenach. August 1869.

I. Die sozialdemokratische Arbeiterpartei erstrebt die Errichtung des freien Volksstaates.

II. Jedes Mitglied der sozialdemokratischen Arbeiterpartei verpflichtet sich, mit ganzer Kraft einzutreten für folgende Grundsätze:

1. Die heutigen politischen und sozialen Zustände sind im höchsten Grade ungerecht und daher mit der größten Energie zu bekämpfen.

2. Der Kampf für die Befreiung der arbeitenden Klassen ist nicht ein Kampf für Klassenprivilegien und Vorrechte, sondern für gleiche Rechte und gleiche Pflichten und für die Abschaffung aller Klassenherrschaft.

3. Die ökonomische Abhängigkeit des Arbeiters von dem Kapitalisten bildet die Grundlage der Knechtschaft in jeder Form, und es erstrebt deshalb die sozialdemokratische Partei unter Abschaffung der jetzigen Produktionsweise (Lohnsystem) durch genossenschaftliche Arbeit den vollen Arbeitsertrag für jeden Arbeiter.

4. Die politische Freiheit ist die unentbehrlichste Vorbedingung zur ökonomischen Befreiung der arbeitenden Klassen. Die soziale Frage ist mithin untrennbar von der politischen, ihre Lösung durch diese bedingt und nur möglich im demokratischen Staat.

5. In Erwägung, daß die politische und ökonomische Befreiung der Arbeiterklasse nur möglich ist, wenn diese gemeinsam und einheitlich den Kampf führt, giebt sich die sozialdemokratische Arbeiterpartei eine einheitliche Organisation, welche es aber auch jedem Einzelnen ermöglicht, seinen Einfluß für das Wohl der Gesammtheit geltend zu machen.

6. In Erwägung, daß die Befreiung der Arbeit weder eine lokale noch nationale, sondern eine soziale Aufgabe ist, welche alle Länder, in denen es moderne Gesellschaft giebt, umfaßt, betrachtet sich die sozialdemokratische Arbeiterpartei, soweit es die Vereinsgesetze gestatten, als Zweig der Internationalen Arbeiterassoziation, sich deren Bestrebungen anschließend.

III. Als die nächsten Forderungen in der Agitation der sozialdemokratischen Arbeiterpartei sind geltend zu machen:

1. Ertheilung des allgemeinen gleichen direkten und geheimen Wahlrechts an alle Männer vom 20. Lebensjahre an, zur Wahl für das Parlament, die Landtage der Einzelstaaten, die Provinzial- und Gemeindevertretungen, wie alle übrigen Vertretungskörper. Den gewählten Vertretern sind genügende Diäten zu gewähren.

2. Einführung der direkten Gesetzgebung (d. h. Vorschlags- und Verwerfungsrecht) durch das Volk.

3. Aufhebung aller Vorrechte des Standes, des Besitzes, der Geburt und Konfession.

4. Errichtung der Volkswehr an Stelle der stehenden Heere.

5. Trennung der Kirche vom Staat und Trennung der Schule von der Kirche.

6. Obligatorischer Unterricht in Volksschulen und unentgeltlicher Unterricht in allen öffentlichen Bildungsanstalten.

7. Unabhängigkeit der Gerichte, Einführung der Geschwornen- und Fachgewerbegerichte, Einführung des öffentlichen und mündlichen Gerichtsverfahrens und unentgeltliche Rechtspflege.

8. Abschaffung aller Preß-, Vereins- und Koalitionsgesetze; Einführung des Normalarbeitstages; Einschränkung der Frauen- und Verbot der Kinderarbeit.

9. Abschaffung aller indirekten Steuern und Einführung einer einzigen direkten progressiven Einkommensteuer und Erbschaftssteuer.

10. Staatliche Förderung des Genossenschaftswesens und Staatskredit für freie Produktivgenossenschaften unter demokratischen Garantien.

* * *

Gothaer Programm.
Gotha. Mai 1875.

I. Die Arbeit ist die Quelle alles Reichthums und aller Kultur, und da allgemein nutzbringende Arbeit nur durch die Gesellschaft möglich ist, so gehört der Gesellschaft, das heißt allen ihren Gliedern, das gesammte Arbeitsprodukt, bei allgemeiner Arbeitspflicht, nach gleichem Recht, Jedem nach seinen vernunftgemäßen Bedürfnissen.

In der heutigen Gesellschaft sind die Arbeitsmittel Monopol der Kapitalistenklasse; die hierdurch bedingte Abhängigkeit der Arbeiterklasse ist die Ursache des Elends und der Knechtschaft in allen Formen.

Die Befreiung der Arbeit erfordert die Verwandlung der Arbeitsmittel in Gemeingut der Gesellschaft und die genossenschaftliche Regelung der Gesammtarbeit mit gemeinnütziger Verwendung und gerechter Vertheilung des Arbeitsertrages.

Die Befreiung der Arbeit muß das Werk der Arbeiterklasse sein, der gegenüber alle anderen Klassen nur eine reaktionäre Masse sind.

II. Von diesen Grundsätzen ausgehend, erstrebt die sozia-listische Arbeiterpartei Deutschlands mit allen gesetzlichen*) Mitteln den freien Staat und die sozialistische Gesellschaft, die Zerbrechung des ehernen Lohngesetzes durch Abschaffung des Systems der Lohnarbeit, die Aufhebung der Ausbeutung in jeder Gestalt, die Beseitigung aller sozialen und politischen Ungleichheit.

Die sozialistische Arbeiterpartei Deutschlands, obgleich zunächst im nationalen Rahmen wirkend, ist sich des internationalen Cha-rakters der Arbeiterbewegung bewußt und entschlossen, alle Pflichten, welche derselbe den Arbeitern auferlegt, zu erfüllen, um die Ver-brüderung aller Menschen zur Wahrheit zu machen.

Die sozialistische Arbeiterpartei Deutschlands fordert, um die Lösung der sozialen Frage anzubahnen, die Errichtung von sozia-listischen Produktivgenossenschaften mit Staatshilfe unter der demo-kratischen Kontrole des arbeitenden Volkes. Die Produktiv-genossenschaften sind für Industrie und Ackerbau in solchem Um-fange ins Leben zu rufen, daß aus ihnen die sozialistische Organisation der Gesammtarbeit entsteht.

Die sozialistische Arbeiterpartei Deutschlands fordert als Grund-lagen des Staates:

1. Allgemeines, gleiches, direktes Wahl- und Stimmrecht mit geheimer und obligatorischer Stimmabgabe aller Staatsangehörigen vom zwanzigsten Lebensjahre an für alle Wahlen und Abstim-mungen in Staat und Gemeinde. Der Wahl- oder Abstimmungstag muß ein Sonntag oder Feiertag sein.

2. Direkte Gesetzgebung durch das Volk. Entscheidung über Krieg und Frieden durch das Volk.

3. Allgemeine Wehrhaftigkeit. Volkswehr an Stelle der stehenden Heere.

4. Abschaffung aller Ausnahmegesetze, namentlich der Preß-, Vereins- und Versammlungsgesetze; überhaupt aller Gesetze, welche die freie Meinungsäußerung, das freie Denken und Forschen beschränken.

5. Rechtsprechung durch das Volk. Unentgeltliche Rechtspflege.

6. Allgemeine und gleiche Volkserziehung durch den Staat. Allgemeine Schulpflicht. Unentgeltlichen Unterricht in allen Bildungs-anstalten. Erklärung der Religion zur Privatsache.

Die sozialistische Arbeiterpartei Deutschlands fordert innerhalb der heutigen Gesellschaft:

1. Möglichste Ausdehnung der politischen Rechte und Frei-heiten im Sinne der obigen Forderungen.

---

*) Nach Inkrafttreten des Sozialistengesetzes wurde bekanntlich auf dem Kongreß zu Schloß Wyden (Schweiz) 1880 das Wort: gesetzlich gestrichen, im Uebrigen das Programm unverändert gelassen. (1894.)

2. Eine einzige progressive Einkommensteuer für Staat und Gemeinde, anstatt aller bestehenden, insbesondere der das Volk belastenden indirekten Steuern.

3. Unbeschränktes Koalitionsrecht.

4. Ein den Gesellschaftsbedürfnissen entsprechender Normal-arbeitstag. Verbot der Sonntagsarbeit.

5. Verbot der Kinderarbeit und aller die Gesundheit und Sittlichkeit schädigenden Frauenarbeit.

6. Schutzgesetze für Leben und Gesundheit der Arbeiter. Sanitätliche Kontrole der Arbeiterwohnungen. Ueberwachung der Bergwerke, der Fabrik-, Werkstatt- und Hausindustrie durch von den Arbeitern gewählte Beamte. Ein wirksames Haftpflichtgesetz.

7. Regelung der Gefängnißarbeit.

8. Volle Selbstverwaltung für alle Arbeiterhilfs- und Unter-stützungskassen.

Genter Manifest.

Gent. September und Oktober 1877.

In Folge des allgemeinen Sozialistenkongresses, der vom 9. bis 15. September d. J. in Gent abgehalten wurde, haben die Delegirten der sozialistischen Arbeiterorganisationen Englands, Frankreichs, Belgiens, Dänemarks, Deutschlands, Oesterreich-Ungarns, der Schweiz, Italiens eine allgemeine Union der sozialistischen Partei konstituirt und nachstehenden Pakt unterzeichnet:

„In Erwägung, daß die soziale Emanzipation von der politischen untrennbar ist;

„in Erwägung ferner, daß das Proletariat als selbständige, mit allen von den besitzenden Klassen gebildeten Parteien in Opposition stehende Partei organisirt, jedes politische Mittel ergreifen muß, welches zur Befreiung aller seiner Glieder führen kann;

„in Erwägung, daß der Kampf gegen jede Klassenherrschaft weder lokal noch national, sondern universell ist und daß der Erfolg von der Verständigung und dem Zusammen-wirken der Organisation der verschiedenen Länder abhängt;

haben die Delegirten des zu Gent tagenden allgemeinen Sozialisten-kongresses beschlossen, daß sich die von ihnen vertretenen Organi-sationen in allen ihren ökonomischen und politischen Bestrebun-gen gegenseitig moralisch und materiell zu unterstützen haben.

Zu diesem Zwecke wird ein Bundesbureau gebildet, welches bis zum nächsten Kongreß seinen Sitz in Gent hat, dem auch die Aufgabe überlassen wird, den nächsten Kongreß einzuberufen und zu demselben die bezüglichen Vorarbeiten zu machen.

Alle Organisationen, welche dem gegenwärtigen Pakt bei-getreten sind oder beitreten werden, sind gebeten, ihre Zeitungen und sonstigen Publikationen regelmäßig dem Bundesbureau zuzusenden.

Wir verkünden die Nothwendigkeit der politischen Aktion als
eines mächtigen Mittels der Agitation, der Propaganda, der
Volkserziehung und der Gruppirung (Organisation).

Die gegenwärtige Gesellschaftsorganisation muß gleichzeitig
von allen Seiten und mit allen Mitteln, über die wir verfügen,
bekämpft werden. Die Politik, die Gesetzgebung, die Verwaltung
der öffentlichen Angelegenheiten bilden eine dieser Seiten, und
die Reform der Gesetze, die Entsendung von Sozialisten in die
Parlamente, die Wahlagitation, öffentliche Kundgebungen zur Erlangung ökonomischer, politischer, bürgerlicher Rechte sind ebenso
viele Waffen, die in den Händen unserer Feinde zu lassen eine
Thorheit wäre. Weg darum mit der politischen Enthaltung! In
allen Ländern, wo die Arbeiter das Recht haben, an den Wahlen
Theil zu nehmen, müssen sie sich als politische Partei konstituiren, um
in die Parlamente und Gemeindevertretungen Vertreter zu schicken;
und in den Ländern, wo die Arbeiter das Wahlrecht nicht haben,
müssen sie Alles aufbieten, um sich dieses Recht zu erringen.

Ist das Parlament nicht eine Tribüne, von welcher herab
der sozialistische Abgeordnete zu dem ganzen Lande spricht, und
so das Bürgerthum und die Arbeiter zwingt, sich mit der sozialen
Frage zu beschäftigen? Und die Wahlbewegung, die öffentlichen
Diskussionen über die sozialistischen Kandidaturen — bringen sie
nicht die soziale Frage vor die ganze Gesellschaft, selbst wenn der
sozialistische Kandidat unterliegt? Und verdankt nicht die deutsche
Sozialdemokratie wesentlich dem Umstande, daß sie auf allen Gebieten: dem der Politik, der Wissenschaft, der Oekonomie u. s. w.,
den Kampf führt, ihre großartige Organisation, die geistige Reg-
samkeit, durch welche sie sich auszeichnet?

Alle unabhängigen und denkenden Menschen wollen, daß die
Unwissenheit auf immer ausgerottet werde, daß die Ungerechtigkeit
und das Privilegium von dieser Erde verschwinden, daß Elend
und Hunger nicht mehr das Loos Derjenigen seien, welche arbeiten,
und Wohlbefinden und Ueberfluß nicht mehr das Loos Derjenigen,
die nichts produziren.

Wohlan, um zu dieser Lage zu gelangen, welche das große
Ziel des modernen Sozialismus ist, müssen die lebenden Geschlechter — das ist ihre heilige Pflicht — die Hindernisse vermindern, die Schranken, welche den Weg absperren, niederwerfen
und provisorische Einrichtungen, welche uns dem Ziele näher
bringen, begründen oder annehmen.

Der Sozialismus soll nicht blos eine reine Theorie, eine
Spekulation über die wahrscheinliche Organisation der künftigen
Gesellschaft sein, sondern er soll sein eine lebende und reelle
Sache, soll sich kümmern um die thatsächlichen Bestrebungen, um
die unmittelbaren Bedürfnisse, um die täglichen Kämpfe der

arbeitenden Klasse gegen die Monopoliſten des geſellſchaftlichen Kapitals, welche auch die Monopoliſten der geſellſchaftlichen und ſtaatlichen Gewalt ſind.

Der Bourgeoiſie ein politiſches Vorrecht entreißen; bisher iſolirte Arbeiter in Aſſoziationen organiſiren; durch Arbeits= einſtellungen oder Gewerkſchaften eine Verminderung der Arbeits= ſtunden erwirken — das heißt ebenſo gut an dem Bau der neuen Geſellſchaft arbeiten, als wenn man tiefſinnige Nachforſchungen über die geſellſchaftlichen Einrichtungen der Zukunft anſtellt.

Mögen die Arbeiter, die noch nicht gruppirt ſind, ſich zu= ſammenſchließen und organiſiren! Mögen die, welche blos auf ökonomiſchem Gebiet organiſirt ſind, in die politiſche Arena herab= ſteigen. Sie finden dort die nämlichen Gegner, das nämliche Ringen; und jeder Sieg, der auf dem einen Kampfplatz erfochten wird, iſt das Signal eines Triumphs auf dem andern.

Möge bei jedem Volke die Klaſſe der Enterbten ſich als große, von allen Bourgeoisparteien ſcharf abgegrenzte Partei konſtituiren, und möge dieſe ſozialiſtiſche Partei Hand in Hand marſchiren mit der ſozialiſtiſchen Partei aller übrigen Länder!

Es gilt den Kampf um all' eure Rechte, es gilt die Ver= nichtung aller Privilegien!

Proletarier aller Länder, vereinigt Euch!

* * *

Programm
der Sozialdemokratiſchen Partei Deutſchlands,
beſchloſſen auf dem Parteitag zu Erfurt 1891.

Die ökonomiſche Entwicklung der bürgerlichen Geſellſchaft führt mit Naturnothwendigkeit zum Untergang des Kleinbetriebes, deſſen Grundlage das Privateigenthum des Arbeiters an ſeinen Produktionsmitteln bildet. Sie trennt den Arbeiter von ſeinen Produktionsmitteln und verwandelt ihn in einen beſitzloſen Pro= letarier, indeß die Produktionsmittel das Monopol einer ver= hältnißmäßig kleinen Zahl von Kapitaliſten und Großgrund= beſitzern werden.

Hand in Hand mit dieſer Monopoliſirung der Produktions= mittel geht die Verdrängung der zerſplitterten Kleinbetriebe durch koloſſale Großbetriebe, geht die Entwicklung des Werkzeugs zur Maſchine, geht ein rieſenhaftes Wachsthum der Produktivität der menſchlichen Arbeit. Aber alle Vortheile dieſer Umwandlung werden von den Kapitaliſten und Großgrundbeſitzern monopoliſirt. Für das Proletariat und die verſinkenden Mittelſchichten — Kleinbürger, Bauern — bedeutet ſie wachſende Zunahme der Unſicherheit der Exiſtenz, des Elends, des Drucks, der Knechtung, der Erniedrigung, der Ausbeutung.

Immer größer wird die Zahl der Proletarier, immer massenhafter die Armee der überschüssigen Arbeiter, immer schroffer der
Gegensatz zwischen Ausbeutern und Ausgebeuteten, immer erbitterter
der Klassenkampf zwischen Bourgeoisie und Proletariat, der die
moderne Gesellschaft in zwei feindliche Heerlager trennt und das
gemeinsame Merkmal aller Industrieländer ist.

Der Abgrund zwischen Besitzenden und Besitzlosen wird noch
erweitert durch die im Wesen der kapitalistischen Produktionsweise
begründeten Krisen, die immer umfangreicher und verheerender
werden, die allgemeine Unsicherhei' zum Normalzustand der Gesell=
schaft erheben und den Beweis liefern, daß die Produktivkräfte der
heutigen Gesellschaft über den Kopf gewachsen sind, daß das Privat=
eigenthum an Produktionsmitteln unvereinbar geworden ist mit
deren zweckentsprechender Anwendung und voller Entwicklung.

Das Privateigenthum an Produktionsmitteln, welches ehedem
das Mittel war, dem Produzenten das Eigenthum an seinem
Produkt zu sichern, ist heute zum Mittel geworden, Bauern, Hand=
werker und Kleinhändler zu expropriiren und die Nichtarbeiter —
Kapitalisten, Großgrundbesitzer — in den Besitz des Produkts der
Arbeiter zu setzen. Nur die Verwandlung des kapitalistischen Privat=
eigenthums an Produktionsmitteln — Grund und Boden, Gruben
und Bergwerke, Rohstoffe, Werkzeuge, Maschinen, Verkehrsmittel
— in gesellschaftliches Eigenthum, und die Umwandlung der
Waarenproduktion in sozialistische, für und durch die Gesellschaft
betriebene Produktion kann es bewirken, daß der Großbetrieb und
die stets wachsende Ertragsfähigkeit der gesellschaftlichen Arbeit für
die bisher ausgebeuteten Klassen aus einer Quelle des Elends und
der Unterdrückung zu einer Quelle der höchsten Wohlfahrt und
allseitiger, harmonischer Vervollkommnung werde.

Diese gesellschaftliche Umwandlung bedeutet die Befreiung nicht
blos des Proletariats, sondern des gesammten Menschengeschlechts,
das unter den heutigen Zuständen leidet. Aber sie kann nur das
Werk der Arbeiterklasse sein, weil alle anderen Klassen, trotz der
Interessenstreitigkeiten unter sich, auf dem Boden des Privat=Eigen=
thums an Produktionsmitteln stehen und die Erhaltung der Grund=
lagen der heutigen Gesellschaft zum gemeinsamen Ziel haben.

Der Kampf der Arbeiterklasse gegen die kapitalistische Aus=
beutung ist nothwendiger Weise ein politischer Kampf. Die Arbeiter=
klasse kann ihre ökonomischen Kämpfe nicht führen und ihre ökonomische
Organisation nicht entwickeln ohne politische Rechte. Sie kann den
Uebergang der Produktionsmittel in den Besitz der Gesammtheit nicht
bewirken, ohne in den Besitz der politischen Macht gekommen zu sein.

Diesen Kampf der Arbeiterklasse zu einem bewußten und
einheitlichen zu gestalten und ihm sein naturnothwendiges Ziel zu
weisen — das ist die Aufgabe der Sozialdemokratischen Partei.

Die Interessen der Arbeiterklasse sind in allen Ländern mit kapitalistischer Produktionsweise die gleichen. Mit der Ausdehnung des Weltverkehrs und der Produktion für den Weltmarkt wird die Lage der Arbeiter eines jeden Landes immer abhängiger von der Lage der Arbeiter in den andern Ländern. Die Befreiung der Arbeiterklasse ist also ein Werk, an dem die Arbeiter aller Kulturländer gleichmäßig betheiligt sind. In dieser Erkenntniß fühlt und erklärt die Sozialdemokratische Partei Deutschlands sich eins mit den klassenbewußten Arbeitern aller übrigen Länder.

Die Sozialdemokratische Partei Deutschlands kämpft also nicht für neue Klassenprivilegien und Vorrechte, sondern für die Abschaffung der Klassenherrschaft und der Klassen selbst und für gleiche Rechte und gleiche Pflichten Aller ohne Unterschied des Geschlechts und der Abstammung. Von diesen Anschauungen ausgehend bekämpft sie in der heutigen Gesellschaft nicht blos die Ausbeutung und Unterdrückung der Lohnarbeiter, sondern jede Art der Ausbeutung und Unterdrückung, richte sie sich gegen eine Klasse, eine Partei, ein Geschlecht oder eine Rasse.

Ausgehend von diesen Grundsätzen fordert die Sozialdemokratische Partei Deutschlands zunächst:

1. Allgemeines gleiches direktes Wahl- und Stimmrecht mit geheimer Stimmabgabe aller über 20 Jahre alten Reichsangehörigen ohne Unterschied des Geschlechts für alle Wahlen und Abstimmungen. Proportional-Wahlsystem; und bis zu dessen Einführung gesetzliche Neueintheilung der Wahlkreise nach jeder Volkszählung. Zweijährige Gesetzgebungsperioden. Vornahme der Wahlen und Abstimmungen an einem gesetzlichen Ruhetage. Entschädigung für die gewählten Vertreter. Aufhebung jeder Beschränkung politischer Rechte außer im Falle der Entmündigung.

2. Direkte Gesetzgebung durch das Volk vermittelst des Vorschlags- und Verwerfungsrechts. Selbstbestimmung und Selbstverwaltung des Volks in Reich, Staat, Provinz und Gemeinde. Wahl der Behörden durch das Volk, Verantwortlichkeit und Haftbarkeit derselben. Jährliche Steuerbewilligung.

3. Erziehung zur allgemeinen Wehrhaftigkeit. Volkswehr an Stelle der stehenden Heere. Entscheidung über Krieg und Frieden durch die Volksvertretung. Schlichtung aller internationalen Streitigkeiten auf schiedsgerichtlichem Wege.

4. Abschaffung aller Gesetze, welche die freie Meinungsäußerung und das Recht der Vereinigung und Versammlung einschränken oder unterdrücken.

5. Abschaffung aller Gesetze, welche die Frau in öffentlich- und privatrechtlicher Beziehung gegenüber dem Manne benachtheiligen.

6. Erklärung der Religion zur Privatsache. Abschaffung aller Aufwendungen aus öffentlichen Mitteln zu kirchlichen und religiösen Zwecken. Die kirchlichen und religiösen Gemein

schaften sind als private Vereinigungen zu betrachten, welche ihre Angelegenheiten vollkommen selbständig ordnen.

7. Weltlichkeit der Schule. Obligatorischer Besuch der öffentlichen Volksschulen. Unentgeltlichkeit des Unterrichts, der Lehrmittel und der Verpflegung in den öffentlichen Volksschulen, sowie in den höheren Bildungsanstalten für diejenigen Schüler und Schülerinnen, die kraft ihrer Fähigkeiten zur weiteren Ausbildung geeignet erachtet werden.

8. Unentgeltlichkeit der Rechtspflege und des Rechtsbeistands. Rechtsprechung durch vom Volk gewählte Richter. Berufung in Strafsachen. Entschädigung unschuldig Angeklagter, Verhafteter und Verurtheilter. Abschaffung der Todesstrafe.

9. Unentgeltlichkeit der ärztlichen Hilfeleistung einschließlich der Geburtshilfe und der Heilmittel. Unentgeltlichkeit der Todtenbestattung.

10. Stufenweis steigende Einkommen= und Vermögenssteuer zur Bestreitung aller öffentlichen Ausgaben, soweit diese durch Steuern zu decken sind. Selbsteinschätzungspflicht. Erbschaftssteuer, stufenweise steigend nach Umfang des Erbguts und nach dem Grade der Verwandtschaft. Abschaffung aller indirekten Steuern, Zölle und sonstigen wirthschaftspolitischen Maßnahmen, welche die Interessen der Allgemeinheit den Interessen einer bevorzugten Minderheit opfern.

Zum Schutze der Arbeiterklasse fordert die Sozialdemokratische Partei Deutschlands zunächst:

1. Eine wirksame nationale und internationale Arbeiterschutz= Gesetzgebung auf folgender Grundlage:

   a) Festsetzung eines höchstens acht Stunden betragenden Normal=Arbeitstags.

   b) Verbot der Erwerbsarbeit für Kinder unter vierzehn Jahren.

   c) Verbot der Nachtarbeit, außer für solche Industriezweige, die ihrer Natur nach, aus technischen Gründen oder aus Gründen der öffentlichen Wohlfahrt Nachtarbeit erheischen.

   d) Eine ununterbrochene Ruhepause von mindestens 36 Stunden in jeder Woche für jeden Arbeiter.

   e) Verbot des Trucksystems.

2. Ueberwachung aller gewerblichen Betriebe, Erforschung und Regelung der Arbeitsverhältnisse in Stadt und Land durch ein Reichs=Arbeitsamt, Bezirks=Arbeitsämter und Arbeitskammern. Durchgreifende gewerbliche Hygiene.

3. Rechtliche Gleichstellung der landwirthschaftlichen Arbeiter und der Dienstboten mit den gewerblichen Arbeitern; Beseitigung der Gesinde=Ordnungen.

4. Sicherstellung des Koalitionsrechts.

5. Uebernahme der gesammten Arbeiterversicherung durch das Reich mit maßgebender Mitwirkung der Arbeiter an der Verwaltung.

Register.

- - - ⬤ - - -

Druckfehler-Berichtigung.

Seite 166, Zeile 18 von oben lies: „Volksstaat" statt „Demokrat. Wochenblatt"
„ 257, „ 10 „ „ „ Liebknecht statt Präsident*)
„ 315, „ 25 „ „ „ ist Notenstern * hinter „Konfident. Mit-
theilung" zu setzen,
„ 371, „ 3 „ unten französischen statt spanischen,
„ 432, „ 24 „ oben ist Notenstern * hinter „Frankfurter Journal"
zu setzen statt hinter „Demokr. Wochenblatt"
(auf Zeile 17 von oben).

*) Nur in einem Theil der Auflage.

Inhalt.

Truc von Max Bading, Berlin SW.